新版
パール判事の日本無罪論

田中正明
Tanaka Masaaki

JN231058

小学館新書

序にかえて——パール判決の生まれるまで

極東国際軍事裁判（俗称・東京裁判）で、戦勝国十一人の判事のうちただ一人インド代表判事ラダ・ビノード・パール博士は、この裁判は勝者が敗者を一方的に裁いた国際法にも違反する非法・不法の復讐のプロパガンダにすぎないとして、被告全員の無罪を判決した。

当時、新興国であったインドが、二百余年のイギリスの桎梏《しっこく》から解放されて、真っ先に取り上げた問題が、インドネシアの独立援助と、東京裁判への対処であった。ネール首相はそのために、もっとも尊敬するパール博士を、インド代表判事として東京に送ったのである。[注1] このとき博士は六十歳、カルカッタ大学総長[注2]の職を辞して、一九四六年（昭和二十一年）五月十七日に着任した。着任してわずか二カ月、他の十判事が共に談ずるに足りないと悟るや、彼らと一切の交渉を断って、帝国ホテルの自室に閉じこもった。彼らが観光旅行や宴席にあるとき、博士は部屋にこもったまま、調査と著述に専念した。ことに資料の収集には力をそそいだ。カルカッタの自宅から何度も著書を取り寄せ、アメリカやイギリスの友人からも、資料を送ってもらった。博士が二年半に読破した資料は四万五千部、参考書籍は三千冊に及んだということである。まさに超人的な努力である。

博士が他の判事たちと全く意見を異にするという噂《うわさ》が伝わるや、博士の身辺危うしという風説が高まった。この風説を心配して、博士の身を憂える人びとに対し、博士はきわめて冷静に、むしろそれらの人びとをたしなめながら、生活態度は少しも変わることはなかった。博士は東京裁判の全期間を通して、法廷に臨むときは、かならず判事席から被告席に向かって、敬虔《けいけん》なる合掌の礼をとった。満員の法廷は博士のこの態度に感激したものである。

裁判もいよいよ結審に近づいた一九四八年八月、博士は夫人危篤の急電を受けて、急遽《きゅうきょ》インドに帰った。病床に駆けつけたとき、夫人は博士の顔を見るなり、喜ぶどころか、うらめしそうな面持ちで「娘が勝手に電報をさしあげたそうで、すみません。あなたがせっかくお帰りくださったことは嬉《うれ》しゅうございますが、しかし、あなたはいま、日本の運命を裁こうという大切なお体です。聞けばその判決文の執筆に寸暇もないそうですが、あなたがこの大切な使命を果たされるまでは、私は決して死にません。どうぞご安心くださって、すぐ日本にお帰りください」と厳然といい放ったという。博士はこの夫人の一言に感激して、そのまま東京へ引き返した。夫人は約束どおり、気息奄々《えんえん》ながらも、裁判が終わるまで生き延びていたが、大任を果たして帰った博士に手をとられて、いくばくもなく瞑《めい》目《もく》されたのである。

このような悲壮なエピソードまであって、全員無罪の世紀の大判決文は完成したのである。あるいは、同じ東洋人だから、日本に味方したのだろう、といった、安易な見方をする人がいるかもしれない。しかしこれは、博士の精神を冒瀆《ぼうとく》するものであり、見当違いもはなはだしい。博士が再度訪日されたとき、朝野の有志が帝国ホテルで歓迎会を開いた。その席上ある人が「同情ある判決をいただいて感謝にたえない」と挨拶《あいさつ》したところ、博士はただちに発言を求め、起《た》ってつぎのとおり所信を明らかにした。

「私が日本に同情ある判決を行なったと考えられるならば、それはとんでもない誤解である。私は日本の同情者として判決したのでもなく、西欧を憎んで判決したのでもない。真実を真実と認め、これに対する私の信ずる正しき法を適用したにすぎない。それ以上のものでも、また、それ以下のものでもない」

日本に感謝される理由はどこにもない。真理に忠実であった、法の尊厳を守った、という理由で感謝されるならば、それは喜んでお受けしたい、というのである。

その後博士は、国連の国際法委員会の委員長として活躍され、日本にもたびたび来日されて、日本国民が東京裁判史観にまどわされて、自虐・卑屈にならぬよう日本全国を遊説された。博士はインドにおいては最高勲章を、日本からは勲一等瑞宝章を授けられた。

一九九七年（平成九年）十一月、インド独立五十周年を記念して、パール博士のご遺志に沿い、京都・東山の霊山護国神社境内に博士の顕彰碑が建立された。この場所は明治維新の志士たちの眠る聖地であり、大東亜戦争の英霊鎮まる聖域である。

拙歌二首
〝日本無罪〟叫《おら》びつづけて四十五年　晴れてこの日を迎ふうれしさ
汝《な》はわれの子とまで宣《の》らせ給ひける　慈眼の博士京に眠りぬ

この裁判を演出し指揮したマッカーサーは、裁判が終わって一年半後、ウェーク島でトルーマン大統領に「この裁判は間違いだった」と告白し、さらに三年後の五月三日、アメリカに戻って上院軍事外交委員会の席上で、「日本があの戦争に飛び込んでいった動機は、安全保障の必要に迫られたためで、侵略ではなかった」と言明したのである。

注1　パール博士が東京裁判の判事に着任した一九四六年当時、インドはまだイギリスの統治下にあった。したがって、裁判開始にあたり連合国軍総司令部の要請に応じて代表判事を派遣した主体は、イギリス領インドの植民地政府ということになる。ネール首相のもとインドが独立を果たした一九四七年八月以降、パール博士は独立インドの代表判事となった。

注2　当時、学長は名目上、総督が兼務していたため、副学長だったパール博士が実質的に総長であった。

本書は、一九六三年九月に慧文社より刊行された『パール博士の日本無罪論』を、改訂文庫版『パール判事の日本無罪論』（小学館文庫、二〇〇一年刊）をもとに新書化したものです。

新書化に伴い、明らかに間違い、誤植と思われる箇所を修正しました。

また、外国人名などで、表記に揺れがあるものは、現代の表記に準じて統一しました。

世界情勢の変化などから、補足が必要と思われるものについては注釈を付し、巻末に百田尚樹氏による論考を新たに加えています。

なお、本文中に、今日から見ると不適切と思われる語句や表現がありますが、当時の時代背景や、著者が故人であることを考慮し、原文のままといたしました。

新版 パール判事の日本無罪論

目次

第一部

東京裁判とは何だったのか

――戦争裁判の法的欺瞞

勝てば官軍か

日本には昔から〝勝てば官軍、負ければ賊軍〟ということわざがある。東洋的諦観《ていかん》とともに、これほど正義を冒瀆《ぼうとく》し、法の精神を無視したことばはない。と同時に、これはすこぶる危険な思想である。

どんなに悪逆非道な手段に訴えても、勝ちさえすればいい、勝てば官軍で、権力の座につき、自己の不正をおおい、真実さえも曲げて、白を黒といいふくめることも、時には歴史を書き換えることさえできる。だが、負けたが最後、どんな非道な仕打ちをされてもやむを得ないという諦観、これが当然のこととして、なんら奇異とも理不尽とも思われずに、日本人の思念の中に共通しているということは、実に恐ろしいことであり、悲しいことである。

戦争の勝敗は時の運で、正・不正は勝敗の外にあるはずだ。敗れたがゆえに罪悪なのではない。勝ったがゆえに正義なのでもない。〝法は一つ〟である。この一つの法に照らして、これに沿うものは正義であり、これに背くものは不正である。すなわち戦争の正・不正は、すべて国際法学の理論の中にだけ存在しているはずである。

初めは東京裁判も、国際法にのっとって裁くのだとしきりに宣伝していた。ところが、これまでの国際法には、戦争そのものを犯罪とするような規定はどこにもない。戦争そのものは法の領域外に置かれているのである。まして戦争を計画し、準備し、遂行したというかどで、個人が裁かれるというような規則はどこにも存在していない。ただ戦争遂行の方法だけに、法的規律が存在するのみである。そこで連合国は、東京裁判を行なうため、新たに「裁判所条例」（チャーター）なるものをつくって、戦争犯罪を定義し、これを裁く権能を付与し、これによって日本の指導者を裁いたのである。

「法律のないところに犯罪はなく、法律のないところに刑罰はない」

これは法治社会の初歩的な原則である。

法律なくして人を裁き、法律なくして人を処罰することは、野蛮時代の私刑《リンチ》となんら変わるところがない。ところが東京裁判では、法律のないところに無理に「裁判所条例《チャーター》」という法律をつくり、法の不遡及《ふそきゅう》の原則までも無視してこれを裁いたのである。勝った方が負けた方の大将をさらし首にし、負けた国の兵士や婦女子を奴隷にしたり掠奪《りゃくだつ》した野蛮時代と本質的にどれだけの相違があるというのだろうか。パール博士のつぎのことばを想起しよう。

「勝者によって今日与えられた犯罪の定義《チャーター》に従って裁判を行なうことは、戦敗者を即時殺戮《さつりく》した者と、われわれの時代との間に横たわるところの数世紀の文明を抹殺するものである」

「復讐《ふくしゅう》の欲望を満たすために、たんに法律的な手続きを踏んだにすぎないというようなやり方は、国際正義の観念とはおよそ縁遠い。こんな儀式化された復讐は、瞬時の満足感を得るだけのものであって、究極的には後悔をともなうことは必然である」

多くの日本国民は「ともかく、あのような無謀な戦争をしでかしたのであるから、その責任者が処刑されるのは当然だ」「たくさんの罪もない国民が、戦争のために死んだのだ。国民はどんなに苦しい思いをしたかしれない。先だった者が死刑になるくらいは当たり前だ」と考えている。それはもっともなことである。ただし、それは、一般的な感情論であり、道義の問題である。

われわれは道義と法律を混同してはならない。極東国際軍事裁判は、文字どおり「裁判」

なのである。裁判は法にもとづいて裁くのであって、感情や道義で裁くのではない。法のないところに裁判はあり得ない。もしも一般的感情論で逮捕され、処刑されるような社会があるとするならば、それは文明社会でも、法治社会でもない。未開・野蛮時代への逆行である。

もとよりわれわれは、戦争を憎む。それがたとえ、侵略戦争であろうと、防衛戦争であろうと、戦争それ自身が「罪悪」であると、私は考える。だが、遺憾ながら現在の国際法では、戦争を「犯罪（クライム）」とするような法律はどこにも見当たらないのである。のみならず、国際法は、防衛戦争を容認し、これを認めた上に立って、その方法論にだけさまざまな規定を設けているのである。

「防衛戦争は道徳的である、という提言は、現代において世界輿論《よろん》の一般的支持を得ている。しかし純道義的見地からこれを肯定し得るかどうか、私としてはすこぶる疑わしいのである。ガンジーは断乎《だんこ》としてこの提言を否定した。かれは政治的闘争における真理の力を深く信じ、自衛のための武力の行使を否定し続けてその一生を終えた。そしてインドは独立したのである。私はキリストの教訓を想起せしめるガンジーのこの態度が、現代世界の支持する道徳意識よりも、はるかに高次の道徳意識を表現するものと思うのである。そしてそれがまた、世界平和の真の礎石たるべき唯一の道徳であると信ずるのである」[注1]

高柳賢三《たかやなぎけんぞう》氏[注2]のいうとおり、「道義は主体性を基礎とするが、法は相互主体性を基礎として成立」するものである。「道義は現実の世界を超越した高い立場に立つことによって、その価値は高まるのである。しかし、法は現実の特定社会に妥当するような規範であるところにその価値がある」[注3]のである。要するに、道義や感情論は、そのまま法律とはなり得ないのである。そして、裁判はあくまで法律に準拠するものでなければならない。

戦争に勝ったからといって、戦争の一切の責任を負けた国の指導者や国民に負わせ、自分たちに都合のいい、敗者だけを裁く急ごしらえの法律をつくり、これを昔にさかのぼって裁いたのが東京裁判である。しかも、国際軍事裁判という、もっともらしい体裁を整え、法律の名において復讐心の満足と、占領政策の効果をねらった欺瞞性《ぎまんせい》は、なんとしても二十世紀における人類文明史の最大汚点といわなければならぬ。

パール博士は、法の権威、裁判の威信を守らんがために、人類の正義と真の世界平和を守らんがために、この裁判の欺瞞性を完膚なきまでに追及したのである。この博士の正論は、あとでも述べるように、今では、国際法学界の定説となり、国際法の教科書の中にも採用されるようになったのである。勝てば官軍、負ければ賊軍といった、長いものには巻かれろ式の、あやまった観念を、見事にぶち破って、敢然として真理のために闘った博士の偉大なる信念とその所論を、われわれはもう一度、静かに反芻《はんすう》してみる必要があると思う。

注1・3　高柳賢三著『極東裁判と国際法』一～二ページ
注2　高柳賢三（一八八七～一九六七）日本における英米法研究の第一人者で、東京大学名誉教授。東京裁判でもA級戦犯の有力な弁護人として働いた。

裁く者と裁かれる者

世紀の裁判といわれた「極東国際軍事裁判」において、インドの代表判事ラダ・ビノード・パール博士は、A級戦犯二十五名の被告に対し、全員無罪の判決を下した。全員無罪を判決したのは、十一名の判事中、パール博士ただ一人であった。

東京裁判を構成した国は、当時、連合国として日本と交戦したアメリカ、イギリス、ソ連、フランス、中国、オランダ、カナダ、オーストラリア、ニュージーランドの九カ国と、フィリピン、インドを加えた十一カ国であった。当時フィリピンはアメリカの保護国であり、インドはイギリスの属領で、ともに完全なる独立主権国家ではなかったが、両国民とも大戦に協力し、多くの犠牲を払ったということで、とくに構成国に加わった。判事はこれらの国ぐにから一人ずつ選ばれた。

アメリカ代表　マイロン・C・クレーマー（はじめJ・ヒギンズ、のちにクレーマーに交代）
イギリス代表　ウィリアム・パトリック
ソ連代表　I・M・ザリヤノフ
フランス代表　アンリー・ベルナール
中華民国代表　梅汝璈《ばいじょこう》
オランダ代表　ベルナルト・ヴィクトール・A・レーリンク

カナダ代表　E・スチュワート・マックドゥガル
オーストラリア代表　ウィリアム・F・ウエッブ
ニュージーランド代表　エリマ・ハーベー・ノースクロフト
フィリピン代表　ジャラニラ
インド代表　ラダ・ビノード・パール

裁判長はオーストラリアのウエッブ判事であった。

これに対しA級戦犯として訴追されたのはつぎの二十八名である（ABC順、略歴は判決付属書に拠《よ》る抄記）。

荒木《あらき》　貞夫《さだお》　昭和六年十二月から同九年七月まで犬養《いぬかい》内閣、斎藤内閣の陸軍大臣、昭和十三年五月から同十四年八月まで近衛《このえ》内閣及び平沼内閣の文部大臣。

土肥原賢二《どいはらけんじ》　昭和六年在満洲特務機関長、同八年関東軍司令部付、華北自治政府最高顧問、同十三年から十五年まで満洲駐屯第五軍司令官、同十六年陸軍航空総監、同十八年東部軍司令官、同十九年から二十年までシンガポール第七方面軍司令官。

橋本欣五郎《はしもときんごろう》　昭和十二年復役して砲兵連隊長となり英艦「レディバード」「パネー」両号を砲撃し国際問題を起こす。復員後赤誠会を組織、同十五年大政翼賛会創設者の一人、革新的青年将校の旗頭。

畑《はた》　**俊六**《しゅんろく》　昭和十年航空本部長、同十一年から十二年まで台湾軍司令官、同十二年八月教育総監、同十三年中支派遣軍最高指揮官、同十四年八月から十五年一月まで阿部内閣の陸軍大臣、同十五年から十九年まで中支派遣軍最高司令官。

平沼騏一郎《ひらぬまきいちろう》　大正十五年国本社を創設しその総裁となる、昭和五年から十一年まで枢密院副議長、同十一年から十四年まで枢密院議長、同十四年一月から八月まで内閣総理大臣、同十五年近衛内閣の国務大臣。

広田《ひろた》　**弘毅**《こうき》　昭和五年駐ソ大使、同八年九月から九年七月まで斎藤内閣の外務大臣、同九年七月から十一年三月まで岡田内閣の外務大臣、同十一年三月から十二年二月まで内閣総理大臣、同十二年六月から十三年五月まで近衛内閣の外務大臣、同十五年内閣参議。

星野《ほしの》　**直樹**《なおき》　昭和十一年十二月満洲国総務長官、同十五年七月から十六年四月まで企画院総裁、同十六年十月から十九年七月まで東条内閣書記官長及び国務大臣。

板垣征四郎《いたがきせいしろう》　昭和十一年から十二年まで関東軍参謀長、同十三年六月から十四年八月まで近衛、平沼両内閣の陸軍大臣兼対満事務局総裁、同十四年七月支那派遣軍参謀長、同十六年七月から二十年まで朝鮮軍司令官、同二十年四月シンガポール第七方面軍司令官。

賀屋　興宣《かやおきのり》　昭和十二年六月から十三年五月まで近衛内閣の大蔵大臣、同十四年から十六年まで北支開発会社総裁、同十六年十月から十九年二月まで東条内閣の大蔵大臣（原文は十六年六月）。

木戸　幸一《きどこういち》　昭和十二年近衛内閣文部大臣、同十三年第二次近衛内閣の厚生大臣、同十四年平沼内閣の内務大臣、同十五年から二十年まで内大臣、天皇側近の最高責任者として重臣会議を主宰した。

木村兵太郎《きむらへいたろう》　昭和十五年関東軍参謀長、同十六年から十九年二月まで近衛、東条内閣の陸軍次官、同十九年ビルマ方面軍司令官。

小磯　国昭《こいそくにあき》　昭和五年陸軍省軍務局長、同七年から九年まで関東軍参謀長、同十年から十一年まで朝鮮軍司令官、同十四年平沼内閣の拓務大臣、同十五年米内《よない》内閣の拓務大臣、同十九年七月から二十年四月まで総理大臣。

松井《まつい》　石根《いわね》　昭和八年陸軍大将、同年大亜細亜協会創立者の一人、同十二年十月から十三年二月まで中支方面軍司令官、同十三年七月から十五年一月まで軍事参議官。

松岡《まつおか》　洋右《ようすけ》　昭和八年国際連盟首席代表、同十年から十四年まで満鉄総裁、同十五年七月から十六年七月まで近衛内閣の外務大臣。

南《みなみ》　次郎《じろう》　昭和四年朝鮮軍司令官、同六年四月から十二月まで若槻《わかつき》内閣の陸軍大臣、同九年から十一年まで関東軍司令官、同十一年から十七年まで朝鮮総督、同十七年から二十年まで枢密院顧問官。

武藤《むとう》　章《あきら》　昭和十四年十月から十七年四月まで陸軍省軍務局長、同十八年在スマトラ第二師団長、同十九年十月在フィリピン第十四方面軍参謀長。

永野《ながの》　修身《おさみ》　昭和五年海軍軍令部次長、同十一年三月から十二年二月まで広田内閣の海軍大臣、同十二年連合艦隊司令長官、同十六年四月から十九年二月まで軍令部総長。

岡《おか》　敬純《たかずみ》　昭和十五年から十九年まで海軍省軍務局長、同十七年海軍中将、同十九年小磯内閣の海軍次官、同十九年九月から二十年六月まで鎮海（朝鮮）警備府司令官。

大川《おおかわ》　周明《しゅうめい》　大正十五年満鉄経済調査局理事長、昭和六年九月十八日の奉天《ほうてん》事件の立役者

の一人。国内革新、大東亜戦争の理論的指導者、多くの著書、論文の筆者。

大島《おおしま》　浩《ひろし》　昭和十一年ベルリン大使館付武官、同十三年十月から二十年四月まで駐独大使、日独伊三国同盟の締結に活躍、陸軍中将。

佐藤《さとう》　賢了《けんりょう》　昭和十六年二月から十七年四月まで陸軍省軍務局軍務課長、同十六年陸軍少将、同十七年四月から十九年十二月まで陸軍省軍務局長、同二十年陸軍中将。

重光《しげみつ》　葵《まもる》　昭和六年駐華大使、同十一年十一月から十三年十一月まで駐ソ大使、同十三年から十六年六月まで駐英大使、同十六年十二月から十八年四月まで南京政府駐箚《ちゅうさつ》大使、同十八年四月から十九年七月まで東条内閣の外務大臣、同十九年七月から二十年四月まで小磯内閣の外務大臣兼大東亜大臣。

嶋田繁太郎《しまだしげたろう》　昭和五年連合艦隊参謀長、同十年から十二年まで海軍軍令部部長、同十二年第二艦隊司令長官、同十五年支那方面艦隊司令長官、同十六年十月東条内閣の海軍大臣、同十九年二月から七月まで海軍軍令部総長。

白鳥《しらとり》　敏夫《としお》　昭和五年外務省情報部長、同十四年駐伊大使、日独伊三国同盟の立役者の一人、同十五年外務省顧問、同十八年翼賛政治会総務、論文多し。

鈴木《すずき》　貞一《ていいち》　昭和十三年十二月から十六年四月まで興亜院政務部長、同十六年四月から十八年十月まで近衛内閣の企画院総裁兼国務大臣、同十八年十一月から十九年九月まで東条内閣の顧問。

東郷《とうごう》　茂徳《しげのり》　昭和十二年駐独大使、同十三年駐ソ大使、同十六年十月から十七年三月まで東条内閣の外務大臣及び拓務大臣。

東条《とうじょう》　英機《ひでき》　昭和十年関東軍憲兵司令官、同十二年関東軍参謀長、同十三年五月から十二月まで近衛内閣の陸軍次官、同十三年から十四年まで陸軍航空総監、同十五年七月から十六年十月まで近衛内閣の陸軍大臣、同十六年十月から十九年七月まで内閣総理大臣。

梅津美治郎《うめづよしじろう》　昭和六年陸軍省軍務局長、同九年支那駐屯軍司令官、同十一年三月から十三年五月まで広田、林、近衛内閣の陸軍次官、同十四年から十九年まで関東軍司令官兼駐満大使、同十五年陸軍大将、同十九年から二十年まで参謀総長。

このうち松岡洋右と永野修身は病死、大川周明は精神障害による入院のため、判決を受けたのは二十五被告であった。

判決理由のない判決

この裁判は、終戦翌年の一九四六年（昭和二十一年）五月三日から始まり、一九四八年（同二十三年）十一月十二日の判決まで、まる二年と六カ月余の日子《にっし》を費やした。

判決文は英文にして千二百十二ページにわたる厖大《ぼうだい》なもので、十一月四日から十二日まで、連日ウエッブ裁判長によって朗読されたが、十二日午後三時三十分、この朗読が終わり、約三十分間休憩ののち、最後の刑の宣告にはいった。

その宣告の結果は、土肥原賢二、広田弘毅、板垣征四郎、木村兵太郎、松井石根、武藤章、東条英機の七被告は絞首刑、東郷茂徳被告が禁固刑二十年、重光葵被告が禁固刑七年の有期刑のほかは十六被告全員が終身禁固刑に処せられた。

東京裁判所条例第十七条による減刑訴願は、マッカーサー軍司令官によってあっさり却下され、東条以下七被告が巣鴨において処刑されたのは判決後四十一日目の十二月二十三日であった。

裁判所条例第十七条の「判決及び審査」の項には「判決ハ公開ノ法廷ニ於《お》テ宣告セラル

ベク且《か》ツ之《これ》ニ判決理由ヲ付スベシ云々」とある。

しかるに、法廷はインド、オランダ、フランス、フィリピン、オーストラリアの各判事の少数意見の判決を認め、これを法廷記録に集録しながら、多数派意見をもって全裁判官の判決なるがごとき形式をよそおい、これのみを公開の法廷において宣告し、少数意見の宣告はしなかったのである。これは公開の原則ならびに宣告の原則を無視した違法手続きであった。

しかも「条例には、判決には理由を付することになっているのに、宣告された判決はかたよった見方による日本の政治史、軍事史を羅列しただけで各被告の有罪を断じ、判決の理由たる事実と証拠の摘示はこれを欠いたのであった」（菅原裕著『東京裁判の正体』一五八ページ）

これに対してパール判事は、一九五二年、広島弁護士会においてつぎのごとく演説した。

「一九五〇年のイギリスの国際事情調査局の発表によると、東京裁判は結論だけで、理由も証拠もないと書いてある。ニュルンベルグにおいては、裁判が終わって三カ月目に裁判の全貌《ぜんぼう》を明らかにし、判決理由書とその内容を発表した。しかるに東京裁判は判決が終わって四年になるのに、その発表がない。他の判事は全部有罪と決定し、わたくし一人は無罪と判定した。わたくしはその無罪の理由と証拠を微細に説明した。しかるに他の判事らは、有罪の理由も証拠もなんら明確にしていないのである。おそらく明確にできないのではないか。だから東京裁判の判決の全貌はいまだに発表されていない。これでは感情によって裁いたといわれてもなんら抗弁できまい。要するに彼らは、日本が侵略戦争を行なったということを歴史にとどめることによって、自己のアジア侵略の正当性を誇示すると同時に、日本の過去十八年間[注1]のいっさいを罪悪であると烙印《らくいん》することが目的であったに違いない。東京裁判の全貌が明らかにされぬ以上、後世の史家はいずれが真なりや迷うであろう。歴史を明確にするときがきた。そのためには東京裁判の全貌が明らかにされなくてはならぬ。……これが諸君の子孫に負うところの義務である」（拙著『平和の言言』二五八ページ）

注1　東京裁判の対象となったのは、一九二八年一月一日から一九四五年九月二日（降伏調印）までの十七年九カ月。満洲事変から太平洋戦争へと至る「侵略戦争」を起こすための「共同謀議」が、この間に行なわれたというのが検察側の主張だった（「第二部」参照）。

戦争裁判への挑戦

少数意見として葬り去られたパール判決文は、英文にして千二百七十五ページ、日本語にして百万語に及ぶ厖大なものである（日本書房刊『日本無罪論』参照）。

それは他の判事による多数意見の判決文を上回るものである。その内容は第一部から第七部まで分類されている。概観するとつぎのとおりである。

第一部は「予備的法律問題」と題し、この裁判所のあるべき性格について詳しく述べている。たとえば裁判官の構成が戦勝国のみの判事でいいのかどうか、国際法と本裁判所との関係、マッカーサー元帥の権限によって発せられた裁判所条例《チャーター》の法的価値、ポツダム宣言との関連、これは戦争犯罪を定義するか、戦勝国は法律を制定し得るか、戦勝国、戦敗国の主権に関する問題、さらに侵略戦争の定義、侵略戦争は犯罪となし得るかどうか、その責任は個人に及ぶか……といった根本的な問題を国際法に照らして論じている。

第二部は「侵略戦争とは何か」という問題を提起して、まず各時代に提唱された各種の定義を並べ、これを縦横自在に論評している。この論評は、侵略戦争と自衛戦争との区別の困難性、その定義の曖昧《あいまい》性の論評とともに、まさに圧巻である。日本が満洲事変以来、太平洋戦争にいたるまで、行なったその行為が、すべて侵略戦争といえるものかどうか。その間、日本の置かれた環境が何であったか。中国における共産主義の問題、排日ボイコットの問題、米英はこれに対して中立を守ったかどうか。対日経済政策の強圧は、日本にいかなる影響を及ぼしたか。こうした根本的な問題を、歴史的事実を追いながら解説し、太平洋戦争は決して日本の一方的侵略と判定することはできないと述べている。

第三部は「証拠及び手続きに関する規則」について述べている。この裁判では、前満洲国皇帝溥儀《ふぎ》氏を筆頭に、各地から召喚された有名無名の証人は四百十九人に達し、書類として受理された証拠文書だけでも四千三百三十六件の多きにのぼった。これらの証拠は、果たして公正なる手続きによって受理されたものかどうか。それは証拠として価値あるものかどうか。これらの問題について、実に詳細な検討を加えている。

第四部は「全面的共同謀議」について剔抉《てっけつ》のメスを振るっている。検察側としては、A級戦犯として、個人を裁くためには、日本を侵略国と決めつけ、その侵略を計画し、準備し、実施するために、彼らが共同謀議を行なったとしなければならない。この点がA級戦犯たるゆえんで、この線が崩れると、東京裁判はその意味を失ってしまう。そこで、この事項に対する力の入れ方は異常なものであった。まず、共同謀議を四段階に分ける。第一段階、満洲支配の獲得。第二段階、満洲から中国全域にわたる支配および制覇。第三段階、枢軸国との同盟および日本国内における戦時体制の確立、侵略戦争の準備（国民の心理的戦争準備、人種的感情、教育の軍国主義化、政権の獲得、産業体制の変革等を含める）。第四段階は、ソ連への侵略、東南アジア各国への侵略。

　検察側のあげるこれらの諸問題に対する共同謀議が、はたして二十五被告によってなされてきたかどうか。これに対してパール博士は、「ナチのごとく長きにわたって独裁政権が維持され、ヒトラーをめぐる少数犯罪者によって戦争が遂行されたのと、満洲事変以来、何回となく内閣が更迭した日本の政情とを混同してはならぬ」と前提して、検察側がデッチあげた共同謀議論なるものを全面的に否定している。

　第五部は、この裁判の「管轄権の範囲」について論述している。検察側はカイロ宣言、ポツダム宣言を日本が受諾した以上は、戦犯裁判を受けるのは当然であるというが、この両宣言が示した「戦争」とは真珠湾攻撃をもって始まる太平洋戦争を指すのであって、満洲事変やノモンハン事件のことをいっているのではない。したがって、この裁判の管轄権を太平洋戦争以前に拡大することは、法治社会の鉄則ともいうべき事後法をあえてなすもので、不法もはなはだしいと決めつけている。

第六部は「厳密なる意味における戦争犯罪」と題して、訴因第三十七から第五十五にいたる各被告の犯罪、すなわち国際法に規定するところの俘虜《ふりょ》の虐待、大量の非戦闘員の殺戮《さつりく》、放火、掠奪《りゃくだつ》などについて、それらの事実と、二十五被告とはどういう関係があるのか。博士はこれらの事実と関係について克明に検討を加え、一つ一つ論告のあやまりを正したうえで、彼らはこのような非道を果たして部下に命令したのであろうか。この第二次大戦において、非戦闘員の大量殺戮を命令したものがあるとすれば、それはトルーマン大統領が広島・長崎に投下を命じた原爆の悲劇である。これこそ人道の名において裁かれるべきである、と主張する。

第七部は「勧告」である。要するにこの裁判は、裁判に名を借りた復讐であり、占領政策の宣伝効果をねらった政治行為であった。真に平和と人道を確立する絶好の機会にありながら、それをなさず、かくのごとき裁判を行なったことは二十世紀文明の恥辱である、後世の史家は、かならずこれを再審判するであろう、と激しいことばで勧告している。

博士はこの大論述を、一切の感情論や抽象論を抜きにして、検察側の起訴事実、三種五十五訴因を追いつつ、論告と弁護を対比しつつ、しかも厖大な証拠、証言および学説について分析し、批判し、判定しているのである。

国際法や条約文に対する法学者の見解はもとより、古今の哲学者、宗教家、政治家のことばを引用して、さながら荘厳なる大伽藍《だいがらん》を思わせるような、見事な論理の構成である。まさに、現代法学界最大の関心事といわれる戦争裁判に関するもっとも権威ある名判決といえよう。

三つのキャッチフレーズ

東京裁判における二十八名に対する起訴事実は三種五十五訴因に分けてあげられている。

第一種　平和に対する罪（訴因第一〜第三十六）
第二種　殺人の罪（訴因第三十七〜第五十二）

第三種　通例の戦争犯罪および人道に対する罪（訴因第五十三〜第五十五）

「平和に対する罪」というのは、被告らが共同謀議して、侵略戦争を計画し、準備し、開始し、遂行して、世界の平和を攪乱《かくらん》したという罪である。これがA級戦犯のA級たるゆえんである。これはヒトラー一党を一網打尽にするために考案された新しい罪名で、もちろん国際法にも、慣習法にもない。それを東京裁判にあてはめたものである。

「殺人の罪」というのは、条約違反の罪から引き出されたものであって、宣戦を布告せずになされた敵対行為は戦争ではない。したがって、その戦闘によって生じた殺傷は殺人行為であるというのである。これはニュルンベルグの裁判条例にも、また極東国際軍事裁判所条例[注1]にもない罪で、東京裁判の検察団によって発明された。これまた新しい罪名である。

「人道に対する罪」というのは、非戦闘員に対して加えられた大量殺戮、または俘虜の虐待、酷遇等の戦争犯罪を総括していうのである。これに「人道に対する罪」などという特別な名称をつけたのも、「人道に対する罪は、ナチ・ドイツが行なったユダヤ人虐殺、人質等の非人道的行為を罰するために、ニュルンベルグ軍事裁判所条例で新設された罪名であって、大東亜戦争においてはさようなことは行なわれなかったのであるが、日本の事情にくらい連合諸国は、日本も枢軸国家の一環であるというところから、これをドイツと同じようにみて、日本を裁く極東国際軍事裁判にもこの罪名を置いたのである」「東京裁判の被告たちは、全くヒットラー一派のそば杖を食ったのである」（瀧川政次郎著[注2]『東京裁判をさばく』一四三〜一四四ページ、三五ページ）

このように、東京裁判に対する基本的な考え方は、すべて、先に行なわれたニュルンベルグ裁判に右へならえをしたものといってもいい。

連合国は本裁判所設置の根拠を、日本のポツダム宣言受諾（ならびに降伏文書の調印）においている。ポツダム宣言にはその第十項につぎのような規定がある。「……吾等《われら》ノ俘虜ヲ虐待セル者ヲ含ム一切ノ戦争犯罪人ニ対シテハ峻厳《しゅんげん》ナル正義ニ基キ処罰ヲ加フベシ」と。このいわゆる「俘虜ヲ虐待セル者ヲ含ム一切ノ戦争犯罪人」の中に、通例の戦争犯罪人以外に「平和に対する罪」とか「殺人の罪」とか「人道に対する罪」といったような広義の戦争犯罪が含まれるかどうかによって、連合国がA級戦犯を裁判し得るか否かの根本問題が分かれるのである。

この根本問題をひっさげて、裁判の劈頭《へきとう》、清瀬一郎《きよせいちろう》弁護人[注3]（東条被告担当）が、大部分の被告を代表して「当裁判の管轄に関する動議」を陳述した。

清瀬弁護人は、本裁判は「平和に対する罪」ないし「人道に対する罪」につき、裁判する権限はないとして、真っ向からつぎのような論旨を展開している。

「その当時まで世界各国において知られていた戦争犯罪ということの意味は、戦争の法規、慣例をおかした罪という意味で、その実例として常にあげられているものは、①非交戦者の戦争行為、②掠奪、③間諜《かんちょう》、④戦時反逆、の四つであって、戦争自体を計画し、準備し、実行したことを罪とする、というようなことは、ポツダム宣言当時の文明各国の共通観念ではなかった。たとえば、イギリスの戦争法規提要四四一条は、明らかに戦争犯罪の定義をあげ、さらにこの四つを戦争犯罪の種類として掲げている。また有名なる国際法学者であるオッペンハイムもホールも、おのおのその著書でこれを明らかにしている。さらに受諾したわが国の方でも権威ある国際法学者の著書には、このことが明記されている。

とくにわが国とドイツとの降伏の仕方が違うことを考慮せねばならぬ。ドイツは最後まで抵抗して、ヒトラーは死亡し、ゲーリングも戦列を離れ、ついに軍隊は崩壊して、文字どおり無条件降伏した。それゆえドイツの戦争犯罪人に対しては、連合国は、極端にいえば、裁判をしないで処刑することさえできたかもしれない。しかるに、わが国は、連合国が日本本土に上陸しないあいだに発せられたポツダム宣言を受諾した。この宣言の第五項には、連合国自身も、ここに書かれてある条件は守るといっている。すなわち条件付き申し込みであり、条件付き受諾である。ゆえにニュルンベルグ裁判で『平和に対する罪』『人道に対する罪』を起訴しているからといって、これをただちに東京裁判にもち込むことは不当である」

「連合国は、今回の戦争の目的の一つが、国際法の尊重であるといっている以上、国際公法の上から見てもウォー・クライムス（戦争犯罪）の範囲を拡張解釈するようなことはまさかなかろうと、われわれは確《かた》く信じていた。ポツダム宣言受諾を決意した当時の鈴木内閣においても、その条件の一つである〝戦争犯罪人の処罰〟は、世界共通の用例によるものと信じていた。しかるに、受諾してしまうと、当時とは違う他の罪名をもち出して起訴するということは、いったいどうしたことか」

「検察側は、文明の擁護のために裁判しなければならないといわれる。それは私も同感だ。しかし、いわゆる文明の中には、条約の尊重、裁判の公正が入っていないであろうか。もしポ宣言の趣旨が、私の申すとおりであるならば、いままでの行きがかりにとらわれず、断然この起訴を放棄することが、文明のために望ましき措置であると思う」(以上、菅原裕著『東京裁判の正体』八八〜一〇一ページ)

トルーマン大統領は「世界の歴史が始まってから初めての、戦争製造者を罰する裁判が行なわれつつある」と声明したが、いったい戦争製造者を処罰する法則や法律が、国際的に、いつ、どこで認められたというのであろうか。いやしくも、ある法則が国際法となるには、世界各国がこれに関与するか、あるいは、多年の慣行で、人類の承諾した観念が生じたとき、初めて認められるのである。

ついでながら「殺人の罪」というのもおかしな話で、殺人行為は、戦争の必然的内容として当然付随するものである。すでに戦争自体を「平和に対する罪」として起訴したものが、さらに「殺人の罪」として起訴する必要があるだろうか。たしかにハーグ条約[注4]第二十三条には「敵国または敵軍に属する者を、背信の行為をもって殺傷すること」を禁止しているが、それは宣戦布告をともなわない戦闘開始とは無関係である。加えて、前記のごとく、日本には、ナチのユダヤ人大量虐殺といったような行為はなかったのである。

ともあれ、この三つのうたい文句自身、なんら法的根拠をもたない、ポツダム宣言にも違反した、いわば東京裁判のキャッチフレーズにすぎなかったのである。

注1　極東国際軍事裁判所条例（第五条）に規定された「本裁判所の管轄に属する犯罪」は以下のとおり。
（イ）平和に対する罪　即ち、宣戦を布告せる、又は布告せざる侵略戦争、もしくは国際法、条約、協定又は誓約に違反せる戦争の計画、準備、開始、又は遂行、もしくは右諸行為のいずれかを達成するための共通の計画又は共同謀議への参加。
（ロ）通例の戦争犯罪　即ち、戦争の法規又は慣例の違反。
（ハ）人道に対する罪　即ち、戦前又は戦時中なされたる殺戮、殲滅、奴隷的虐使、追放、その他の非人道的行為、もしくは犯行地の国内法違反たると否とを問わず本裁判所の管轄に属する犯罪の遂行として又はこれに関連してなされたる政治的又は人種的理由に基づく迫害行為。
（イ・ロ・ハの区分が、a・b・cの区分に相当）

注2　瀧川《たきがわ》政次郎《まさじろう》（一八九七～一九九二）　法制史の権威。戦前、満洲国の建国大学教授を務め、東京裁判では嶋田繁太郎の弁護人として活躍した。

注3　清瀬一郎（一八八四～一九六七）　特許・刑事事件の弁護士。一九二〇年以降衆議院議員、陸軍省の国際法法律顧問を務め、東京裁判では東条英機の主任弁護人を務めた。のちに衆議院議長。

注4　オランダのハーグ国際私法会議で締結された「ハーグ条約」は複数存在するが、ここでは一八九九年に締結され、一九〇七年に改定された戦時国際法のこと。通称「ハーグ陸戦条約」。

戦勝国の戦犯も裁け

つぎに、問題は裁判所の構成である。

平和に対する罪を裁く裁判である以上、国際裁判の構成は、当然に、戦争の勝敗とは関係なく考えられるべきである。すなわち、審判は、あくまで厳正なる国際法廷において、国際法に準拠し、世界各国国民に対して普遍的になされるべきものである。裁く者は戦勝国民だけで、裁かれる者は戦敗国民だけであるというのでは、公正なる国際裁判ということはできない。

いうまでもなく、戦争に勝った者だけが正しく、戦争に負けた者だけが不正であるという理屈はどこにもない。正しい者が勝ち、不正な者が負けるとも決まっていない。侵略戦争をしかけた者が勝つこともあれば、正しい者が負ける場合もある。勝敗は時の運で、正邪とはおのずから別である。

したがって、戦争犯罪を裁く国際司法裁判所の構成は、戦勝国たると戦敗国たるとを問わず、平等・不偏でなくてはならぬ。戦勝国の判事だけで、戦敗国の国民を裁く裁判というものは、公平なる裁判とはいえない。長い間の苛烈《かれつ》な戦争の惨劇の直後に、敵愾心《てきがいしん》のみなぎっている連合国のみが集まって、裁判所を構成し、敵国の指導者を裁くということは、どのように弁明しようとも、そこには報復的心理が支配的とならざるを得ない。東京裁判の被告が、このような構成の裁判所をもってしては、公正無私なる裁判は期待し得ないとして、異議を申し立てたのは当然である、とパール博士はいう。博士によれば、戦争犯罪について告訴された者を裁判するための裁判所の構成については、常設国際司法裁判所規定を作成するため、一九二〇年ハーグに会同した法律家諮問委員会が、つぎのような申し合わせを行なっている。

「戦争の法規慣例に違反したかどで訴追される者を裁判するにあたっては、戦勝国も戦敗国も、ともに公平な裁判所において、これを裁判し得るものでなければならない」

ただしこの原則はついに今日まで各国の採用するところとはならなかったといっているが、この点について博士は、カリフォルニア大学のハンス・ケルゼン教授のつぎのような見解を引用し、支持している。

「(一九四三年十月に)モスクワで調印された三国宣言の要求するものは、敵国の戦争犯罪人に対する戦勝国の裁判管轄権である。戦争中、枢軸諸国の憎むべき犯罪の犠牲となった国民が、これらの犯罪人を罰するために、自己の手に処罰権を握りたいと望むのは、無理からぬことである。しかし、戦争終結後は、われわれはふたたび、つぎのことを考慮する心の余裕をもつであろう。すなわち被害を受けた国が、敵国国民に対して、刑事裁判権を行使することは、犯罪者側の国民からは、正義というよりはむしろ復讐であると考えられ、したがって将来の平和保障の最善策ではない。戦勝国による戦争犯罪人の処罰は、国際正義の行為であるべきものであって復讐に対する渇望を満たすものであってはならない。敗戦国だけが自己の国民を国際裁判所に引き渡して、戦争犯罪に対する処罰を受けさせなければならないというのは、国際正義の観念に合致しないものである。戦勝国もまた戦争法規に違反した自国民に対する裁判権を、独立公平な国際裁判所にすすんで引き渡す用意があって然《しか》るべきである」(判決文・第一部)

問題は二つある。国際正義を行なうための、公正なる国際裁判をやろうというなら、戦勝国のみならず、中立国はもとより、戦敗国をその締約国とする国際条約によって設置された裁判所の構成によって裁くべきであるということ。いま一つは、戦勝国の中にも、戦争法規に違反した軍人や政治家があったならば、すすんでこの法廷に引き渡すべきである。それでこそ公正なる裁判ということができよう。

この二つは、なに人《びと》といえども否《いな》むことのできない当然の論理である。

イギリスの元老であるハンキー卿《きょう》は、その著『戦犯裁判の錯誤』の中で「若干の疑問」と題してつぎのように述べている。

「一、未来に対してきわめて重要な裁判を行なう法廷を、偏見の度合いの少ない連合国の構成国、もしくは、もっと公平な中立国の判事を参加させずに、戦争の矢おもてに立った連合国の構成国の指名した判事だけで構成することに決定したことは、果して正しく賢明だっただろうか。

われわれはいま少しで負けるところだったが、かりに負けたとしたら、われわれは日・独・伊三国だけによる裁判に納得しただろうか。また、歴史がそのような裁判を受け入れると期待されるだろうか。

二、不戦条約その他の国際条約を侵犯し、隣国に対し侵略戦争を計画し、準備し、遂行し、占領地域の一般住民を虐待し、奴隷労働その他の目的のためにその土地から追放し、個人の財産を掠奪し、軍事上の必要によって正当化されない都市村落の無謀な破壊を行なうような罪を犯したことが一見明らかな同盟国の政府（たとえばソ連）および個人に対しても、同じような裁判を行なうつもりか。

三、このような裁判をやらないとすれば（もちろん、やるはずはない）、ニュルンベルグの政策は、敗者に適用する法律は、勝者に対するそれとは別物だということを示唆しないか。哀れなるは敗者である！　これは将来の悪い先例とはならないか」（ハンキー卿著『戦犯裁判の錯誤』序文・七〜八ページ）

まことにハンキー卿のいうとおりである。

幾十万という女・子供を含めた銃後の非戦闘員を、一瞬にして皆殺しにしてしまった原子爆弾の投下を、命令し授権した責任者が、なんら戦争裁判の対象ともならず、問題ともされなかった事実。中立条約を一方的に踏みにじって、満洲になだれこみ、婦女子を強姦し、住民の財産を掠奪し、大量の日本人をシベリアに連れ去って虐待し、奴隷労働を強《し》いたソ連の非情無惨なる行為が全く容認されたかたちで、東京裁判は終わったのである。このような不公正きわまる裁判を認めるわけにはゆかないとして、最後まで闘ったパール博士の正論が、今日、国際法学界の強い支持を受けているのは当然といえよう。

戦争は犯罪となし得るか

原子力時代の今日、戦争が正義の行為などと信ずる人は、ほとんどおるまい。もしおるとすれば、それは、ほんの一部の職業軍人か、ナショナリズムの囚《とりこ》となった狂信的な政治家か、それとも軍需産業で巨利を得ている資本家くらいのものであろう。

戦争——これほどの大きな罪悪が、世にまたとあるであろうか。

戦争、これこそ、人類の最大の恥辱であり、最大の犯罪であり、最大の悲劇である。

一部の職業軍人や、駆り出された将兵が〝戦場〟という一定の地域内で、殺し合い、傷つけ合って勝敗を決していた時代ならばいざ知らず、もはや今日の戦争は、前線も銃後もない。否、核戦争には、敵も味方もなく、中立国もないといわれている。ボタン一つで、ほんの一瞬間に、数百万人の敵国の人民が、この地上から姿を消してしまう。その報復はただちに他の敵国の人民を、さらに大量に殺傷する。この核兵器の投げ合いは、同盟国の軍事基地にも打ち込まれるであろうし、放射能の毒素は地球をおおい、ついには全人類にその禍害が及ぶであろう。米ソ両陣営が保有する核兵器の量は、地球上の人類を、十七度《たび》も死滅させ得る莫大《ばくだい》なものだといわれている。[注1]これほどの大犯罪が他にあるであろうか。戦争を正義の行為なりと信じている前記の一部軍人や政治家や資本家にしたところが、おそらくそれは、やむを得ざる〝必要悪〟として、あるいは〝正当防衛の手段〟として容認するにすぎまい。

そのことの可否は別として、しかしながら、現在の国際法には、戦争そのものを犯罪であるとする規定はどこにもなく、これを処罰する条項もないのである。クラウゼウィッツの有名な『戦争論』に俟《ま》つまでもなく、戦争は政治の延長として、国家政策遂行の一手段として容認されてきたのである。現在もなお然りである。

戦争手段がいよいよ苛酷《かこく》なものとなり、その規模が拡大するに及んで、国際法や条約、協約といったものも、それにつれて漸次《ぜんじ》発展していったことは事実である。パール博士は、この国際法の発展段階を、つぎの四つの時代に分けて考察している。そして、むしろくどくどしいと思われるほど、豊富に、権威者の立論を引用して、執拗《しつよう》なる追求を行なっている。その四つの段階とは、

一、一九一四年の第一次世界大戦までの期間
二、第一次世界大戦より一九二八年八月のパリ条約調印までの期間
三、パリ条約より、本裁判の対象たる第二次世界大戦開始までの期間
四、第二次世界大戦以降の期間

「この第一期、すなわち第一次大戦までは、どんな戦争でも、国際生活における犯罪とはならなかったということについては、どの学者もほぼ意見が一致している」と博士は結論している。しかしこの間といえども〝正当な戦争〟と、〝不正な戦争〟との区別を主張する国際法学者や哲学者はあったとして、その例をいくつかあげ、「だが、その不正な戦争さえも、これを国際法学上犯罪であるとした法学者は一人もいなかった」と判定している。

博士によれば、もしこれが犯罪とされるならば、「西欧諸国が、今日、東半球の諸領土において所有している権益は、すべて右の期間中に、主として武力をもってする、暴力的侵略行為によって獲得されたものであり、これらの諸戦争のうち〝正当な戦争〟と見なされるべき判断の標準に合致するものは、おそらく一つもないであろう」

日本の戦争犯罪を責める前に、これらの、誰が見てもわかる不正な侵略戦争が、白昼公然として長い期間にわたって、随所で行なわれてきた事実に、眼をふさぐわけにはゆくまい。だが、これが道義的・社会的にいかに不正な戦争であろうとも、国際法学上犯罪とするような、法律も条約もなかったのである。クラウゼウィッツのいう、戦争は政治の延長であり、国家政策遂行の手段であったのである。

そこでつぎの期間、第一次大戦からパリ条約までの間はどうであったか。

この期間において、別して新たに、戦争に関する国際的取り決めができたという事実もないし、国際法の改定が行なわれたわけでもない。したがって、ボラー米上院議員の言明するごとく「国家の戦争は、今日まで、つねに合法的制度であったのであり、今日もなおそのとおり」なのである。したがって「各国家は、その理由の正・不正にかかわらず、他のどんな国家に対しても宣戦することができるのであって、しかもそれは、なお厳密に、各国の法的権利の範囲内に含まれるのである。すなわち、各主権国家には、その起因の正邪にかかわることなく、いつでも戦争する法的権利が認められているのである。つまり戦争の権利は、国家主権の特権なのである。……ゆえに、どのような戦争においても、当事国は、まったく同一の法律的地位にあり、したがって、同等の権利を有するものと見なされるのである」（ホール博士著『国際法　第八版』一九二四年）

この戦争に対する定義は、なにも西側陣営の学者ばかりでなく、たとえば、ソ連のトレイニン氏のごときも、同じような見解を明らかにしており、戦争を犯罪とするような法律は、この期間、どこにも見当たらないのみか、東西の国際法学者の主張の中にも、このような主張はほとんど皆無であると、博士はいうのである。

注1　世界の核兵器数は一九八六年の約七万発をピークに減少しているが、米ソ冷戦終結後の現在もなお約一万五千発の核兵器が存在し（二〇一六年三月時点）、このうち九割以上をアメリカとロシアが保有している。

戦争は法の圏外にある

さて、ここで、いちばん問題になるのは、一九二八年八月に締結されたパリ条約である。

パリ条約は、その首唱者の名をとって、通称ケロッグ・ブリアン条約と呼ばれている。

この条約を検察側は金科玉条としており、博士ももちろん、これを重視している。そこで博士は、その全文を掲載し、成立の経緯から内容の検討にいたるまで詳細をきわめている。

この条約は、前文と三カ条より成り、一九二八年八月二十七日に調印された。その第一条と第二条には、明らかに戦争行為の否定が明文化され、国家の政策の手段としての戦争の放棄がうたわれた。すなわち、

第一条 締約国は国際紛争解決のため戦争に訴うることを非として、かつ、その相互関係において、国家の政策の手段として、戦争を放棄することを、その各自の人民の名において厳粛に宣言する。

第二条 締約国は相互間に起こることあるべき一切の紛争または紛議は、その性質、または起因の如何《いかん》を問わず、平和的手段によるのほか、これが処理または解決を求めざることを約す。

日本の平和憲法を想起させるまことに立派な条約である。戦争放棄が条約によってうたわれたのは、実に、人類史上これが初めてなのである。

これより先、一九二四年にジュネーブ議定書というのがあった。第一次大戦後、全世界

があげて平和を希求している際でもあり、戦争の恐ろしさ、無意味さが、いやというほど身にこたえているときでもあった。このジュネーブ議定書には、その前文において、「侵略戦争は国際犯罪である」と規定した。同時に、国家の安全と矛盾しないかぎりにおいて、各締約国は最小限度に軍備を縮小すること、および各締約国は、共同行動によって、侵略者に対抗することを主張した。ところが各国がこの議定書の批准を拒んだため、ついに不成立に終わり、法的効力を生ずるにいたらなかった。ケロッグ・ブリアン条約はこのような背景のもとに提示されたのである。

ということは何を意味するか。というと、あらゆる国際紛争を、戦争手段によらないで、平和的に解決するという趣旨には異論ないが、戦争が国際犯罪であると規定すること、または自衛権までも認めないというようなことには、各国とも不同意である、ということが前提となっているのである。そこで、米国務長官ケロッグ・仏外相ブリアンの両氏は、ことさらにこの二点を避けて、ただ戦争放棄の条項のみにとどめ、戦争犯罪や自衛権の問題を回避したのである。

当時、締約国はいずれも、この条約によって、自衛権を失うものではない、と主張した。

ただ何が侵略で、何が自衛であるかの判定についての意見は、かならずしも一致せず、国際法学者の間にも、いまなお多様の論がある。当のケロッグ氏さえも「自衛権がどんな行為を含むかについては、各国みずから判断する特権を有する」と逃げるよりほかなかったのである。

アメリカの上院では、この条約を批准するにあたって、「合衆国はみずから判断しなければならない……合衆国が自衛権を行使した場合、その判断が世界の他の各国によって是認されないかもしれないという危険をさえ冒さねばならぬ」といった付帯条件をつけている。フランスも「一国家の自存権と他国の権利を尊重すべき同国の義務とが衝突したときは、自存権は義務を無効のものとする。人間は自己を犠牲にする自由を持っているかもしれない。しかし、一国の運命をゆだねられている政府として、国家を犠牲にすることは断じて許されない」と声明した。

こうなってくると、正当な戦争と、不正な戦争との区別は、各国の判断にゆだねるというような格好となり、はなはだ主観的で、曖昧なものとなった。そして、今日なお、自衛権の問題は、主権国家の主観にゆだねられており、第二次大戦後の国際連合においてすら、国際連合憲章第五十一条によってこれを認めている。

一方、パリ条約は、その違反者に対して、なんら法的制裁の規定を設けていない。戦争手段に訴えた者は、国際的刑罰を受けるとも、国内または国際裁判所によって裁かれるとも規定してない。また、締約以後、各国とも、戦争が犯罪行為であるというような行動も教育も、いっこうに行なわれずに、第二次大戦を迎えたのである。

ともあれ、パール博士は、この問題に関してつぎのような判定を下している。

「本官自身の見解では、国際社会において、戦争は従来と同様に、法の圏外にあって、その戦争のやり方だけが法の圏内に導き入れられてきたものといわざるを得ない。パリ条約は法の範囲内には全然入らない。したがって一交戦国の法的立場、あるいは交戦状態より派生する法律的諸問題に関しては、なんら変化をもたらさなかったと判断する」

たしかに、パリ条約を含めて、戦争は罪悪である、戦争は放棄すべきだ、という国際的宣言や声明がいくたびか発せられている。検察側はこの事実をとらえて、これは国際慣習法の発生として受け取ることができるといっている。だが、これに対しても博士は、「慣習法は宣言だけで発達するものではない。何度も繰り返して行なわれた宣言は、せいぜいそのような宣言をする慣習をつくったにとどまる」と皮肉っている。

またある人はいう。人類の共通的ないし普遍的な良心の要求こそは、人間の良心によって表明され、それによって、たとい成文法規の存在しない場合であっても、自然法はすべての文明国を全般的に拘束するものである。したがって、戦争犯罪は自然法によって裁くべきものである、と。しかし、博士はこれに対して「たしかに自然法の原理の実現こそ、立法の目的でなければならないという主張は全く正しい。しかし、この原理がそのまま実定法として認められなければならないという主張が、果たして一般の容認するところとなるであろうか」といっているのである。

ともかく、このようにして、戦争が犯罪であるという法律は、遺憾ながら、現行の国際法のどこにもこれを見出《みいだ》すことはできないのである。パール博士が、東京裁判の全員は無罪である、否、東京裁判そのものが無効である、と主張するもっとも大きな理由の一つはここにあるのである。なぜなら「法のないところに刑罰はなく、法のないところに裁判はない」からである。

しかしながら、もちろん博士は、それでいい、それで満足だ、というのではない。むしろその逆である。博士は国際法の発展を信じ、力の支配に代わって、法の支配する世界、すなわち世界の法治共同体の実現を強く希求しているのである。国際法の発達によって、戦争という人類の大罪悪を、それを挑発する個人にまでわたって、裁くことができるような、そして、これによって戦争を未然に防止する、そのような国際社会の実現をこそわれわれは期待すると述べているのである。

世界連邦のみが戦争を裁ける

戦争は犯罪となし得るか――という問題に対する博士の結論は、現在の国際関係を支配する協定はもとより、実定法にしても、慣習法にしても、戦争を犯罪とするようなものは、遺憾ながら何一つ存在していない。戦争の正・不正の区別は、いまのところ依然として、国際法学者の理論の中にだけ存在しているのであって、どのような種類の戦争も、国際生活上の犯罪であるとするような法律は、現在の国際法の中には、遺憾ながら見当たらない。戦争そのものは、結局、法の領域外の問題である、というのである。すなわち、現在の国際法では、どのような幅広い解釈を行なってみたところで、戦争を犯罪とすることはできない。たんに戦争遂行の〝方法〟だけが、法的規律のもとに置かれるにすぎないのであって、戦争を犯罪とする法律がないかぎり、東京裁判の被告を、戦争犯罪者とすることはできない。これが博士の立論である。

もちろん絶対平和論者である博士は、このような国際法をもって満足しているものではない。ただ現在までの協約や国際法では、戦争を犯罪として裁くことはできない。むしろ現在の協約や国際法は、戦争を是認し、戦争を肯定したうえに立って、その方法、そのやり方の非違を規定しているのである。たとえば、俘虜を虐待してはいけないとか、毒ガスを用いてはならないとかいう法的規律は、これを逆にいえば、俘虜を虐待しない戦争、毒ガスを用いない戦争ならば、いっこうにさしつかえないという解釈が成り立つのであって、戦争肯定、戦争容認の法規である。

博士の判決文の中には、ところどころに〝世界連邦〟という文字が出てくる。博士は、いかなる意味の戦争も、それが侵略戦争であろうと自衛戦争であろうと、人類が殺傷し合うような、非人道的行為を、すべて犯罪とする世界社会の出現をこそ待望しているのである。博士はつぎのごとく述べている。

「法の支配下にある一個の国際団体（インタナショナル・コミュニティー）の形成――正確にいえば、国籍や人種の別の存在する余地のない、法の支配下にある世界共同体の形成を、世界が必要としていることを本官は疑わない。このような機構の中においては、本件で訴追されているような行為を処罰することは、全体としての共同社会の利益およびその構成員の間に、必要なる安定かつ有効な法律関係を促進するのに貢献するところが確かに大きいであろう」

現在の国際社会は〝力の支配〟する社会である。戦争を肯定し容認する、無法・無政府社会である。各国家は独立の存在であって、どんな統制にも服さず、かつ自己より上位のものを認めない。国家主権は最高絶対であって、これを規制し、または限定する法律もなければ、政府もない。国際連合は各国による協約上の機関にしかすぎず、いささかも国家主権を制限するものではない。それぞれの国家には、法律があり、政府があり、法律を施行するところの警察があり、司法裁判所がある。国内の平和はこれによって保たれている。しかるに、ひとたび国際社会になると、政府も法律も警察も裁判所もない、いわゆる、無法、無政府社会である。無法社会を支配するものは暴力である。武力肯定、戦争容認の社会である。このような社会にあっては、平和は保たれようはずがない。そこに存在するものは、現に見るごとき、力の政策（パワー・ポリティックス）であり、軍拡の悪循環であり、戦争の恐怖である。パール博士のいうように、たしかにナチの指導者は一掃され、日本の軍閥は地上から姿を消したにもかかわらず、第三次大戦の恐怖は少しも減じてはいない。いったい、ニュルンベルグと東京で行なわれた、国際軍事裁判というものは何であったのか。

そこで博士は、世界連邦論を展開し、力の支配から法の支配する世界社会の出現を説くのである。

一切の戦争を悪とし、戦争の準備をなしつつある者、戦争を開始した者、戦争を遂行した者、これらを処罰するところの世界法の制定が必要である。平和に対する脅威、平和の破壊および侵略行為に関する行動を厳格に規定し、その違反者は、集団全体であろうと、個人であろうと、これを処断することができる法律の制定が必要である。

このような法律の制定がなされたとき、初めてわれわれは、戦争犯罪者を裁くことができるのである。法律のないところに法律をつくり、戦勝の余勢を駆って、戦敗国に対して復讐裁判を行なうがごとき野蛮なる行為が、どうして平和に寄与することができるだろうか。東京裁判における検察側は、平和とか人道とか文明とかいうことばをしきりに用い、これを表看板にしながら、世界をこのような方向に導かねばならぬという、教訓的示唆が少しも見られなかったことを、博士は慨嘆しているのである。これに関連してつぎのように述べている。

「われわれが国際法というものを求める場合、われわれは各国家社会のような、完全に法の支配下に置かれた存在を取り扱っているのであろうか。それともまた、形成の途上にある未完成の社会を取り扱っているのであろうか。否、われわれの取り扱っているのは、関係当事者が全員一致のもとに合意に達した規則だけが、法の地位を占めるにいたった社会である。新しくつくられた先例――東京裁判所条例――は、平和を愛好し、法を遵守《じゅんしゅ》する国際団体の各構成員を保護する法とはならず、かえって、将来の戦勝国に有利であり、将来の戦敗国に不利な先例となるにすぎないであろう。疑わしい法理論をあやまって適用すれば、渇望の的《まと》たる国際社会の形成そのものに脅威を与え、将来の国際社会の基礎そのものを動揺させることになるであろう」

東京裁判は、われわれが渇望し、われわれが将来めざすところの法治共同社会＝世界連邦の基礎そのものまでも動揺させてしまったというのである。人類の将来にとって、これはきわめて不幸な事実である。

さらに博士は、ことば鋭くつぎのように述べている。

「しかしそのような共同社会——法の支配下にある世界共同体——が生まれるまでは、右の処罰（戦争犯罪者の処罰）はなんら役に立たないのである。特定の行為にともなう処罰に対する恐怖心が、法のあることによって生ずるのではなくして、たんに敗戦という事実にもとづいて存するにすぎないという場合には、戦争の準備が行なわれているとき、すでに存在している敗戦の危険は、法の存在のゆえになんら増大するとは考えられない。すでにより大きな恐怖、すなわち戦勝国の勢力、威力というものが存在する。法を犯す者が、まず効果的に法を犯すことに成功し、そしてのち、威力あるいは勢力によって圧服されるのでないかぎり、法は機能を果たさないものであるとしたら、本官は法の存在すべき必要を見出し得ない。もしも、いま適用されつつあるものが、真に法であるならば、戦勝国の国民であっても、かような裁判に付せられるべきであると思う」

戦勝国の国民であろうと、戦敗国の国民であろうと、万人すべて法の前には平等であるという鉄則が貫かれないかぎり、われわれの渇望する法の支配する世界共同体の形成は不可能である、というのである。

裁判所条例（チャーター）の違法

このような、国際法にもない罪名をもって起訴したり、戦勝国の裁判官だけで国際裁判所を構成したり、事後法まで犯して日本の過去の戦争を裁いたり、勝手に侵略戦争の定義を下したり、その犯罪を個人にまで及ぼしたりといった、この一連の不法行為は、いったいどのような名目によって行なわれたかというと、それはマッカーサーがつくった「極東国際軍事裁判所条例（チャーター）」によるものである。

現行の国際法や慣習法や条約などでは、日本とドイツの指導者を裁くことはできない。そこで連合国である米、英、仏、ソの四カ国は、一九四五年八月、ロンドンに集まって、戦争犯罪会議を開き、戦犯の意義を拡張することを決めた。これがすなわちニュルンベルグ裁判のチャーターである（この戦犯会議の前にポツダム宣言は発せられ、日本がこれを受諾したことを銘記すべきである)。

さらに米、英、ソの三国外相は、同年の十二月モスクワにおいて会議を開き、連合国軍の日本占領統治は、最高司令官マッカーサー元帥によって統一実行されることを協定した。そこで、マッカーサーは、前述のニュルンベルグ裁判のチャーターにならって、東京裁判のチャーターをつくったのである。

このチャーターは、戦犯とは何であるかを定義し、平和に対する罪、人道に対する罪を勝手に定めて、これによって裁判をせよと命じ、同時に裁判官の権限さえも規定したのである。それが国際法とどんな関係に立つか、実定法や慣習法とどんな関連があるか、将来の国際社会に及ぼす影響は何であるか、そうしたことには一切おかまいなしに、至上命令として発せられたのである。

もとより、このチャーターの内容が、国際法に照らして、違法であるか否かの審判権は、裁判所にあったはずである。ところが、インド代表のパール判事を除くほかは、検事団と同様に、このチャーターを至上命令として受け取り、なんらの検討も加えなかったのである。

まず、条例の判事に関する部分はつぎのとおりである。

一、本裁判所判事の権限の唯一の源泉は、この裁判所条例にある。判事はこの条例に従って行動せよという任命を受けたものである。

二、裁判所条例による以外は、判事たちは全く権限はない。

三、本裁判所の各判事は、本裁判所条例に従って服務せよという任命を受諾したのであって、この条例を離れて、全く服務することができず、また命令を発する資格もない。

「極東国際軍事裁判所」を設置し、判事たちを任命したのは、連合国最高司令官マッカーサー元帥である。そこで、マッカーサーの見解によると、彼が十一カ国の判事を任命し、その判事たちに対して、裁判所条例によって行動せよと命令したのであるから、裁判官たちがその命令を受諾した以上、条例に従って裁判するのは当然であるというのである。

パール博士はこれに対して「本官はどのように考えてみても、そのような見解に服することはできない」といっている。すなわち、博士の見解によれば、国際軍事裁判はあくまで国際法によって裁く裁判でなければならない。法の根源はすべて国際法にあるはずだ。

戦勝国だけが集まって、裁判のやり方をどうするかということを決めるのはまだしもとして、法の根源である国際法までもねじ曲げ、勝手な解釈や定義を下すことは許されない。ましてこれが国際法に優位するものだなどということは、とんでもない越権である。この極東国際軍事裁判が国際法にのっとって裁く裁判である以上は、当然に、裁判官も国際法の権威のもとにあるべきである。それでこそ、極東国際軍事裁判は法律上の効力をもつのである。もし、そうでないとするならば、それは連合国ないしはマッカーサーの私物裁判ということになる。

つまり、本裁判所判事の権限の唯一の源泉が、マッカーサーつくるところの裁判所条例にあるというなら、そして、この条例の範囲内で裁判をやれというなら、結局、東京裁判の判事は、マッカーサーの占領政策に奉仕するところの、彼の一属僚にすぎないことになる。

「これはわれわれの耐え得るところではない。このような裁判を行なえということは、それ自身本裁判所は、司法裁判ではなくして、たんなる権力の表示のための〝道具〟であることを証明するものである」「これこそ復讐の欲望を満たすために、法律的手続きを踏んでいるようなふりをするものだ」と、博士は痛烈なる批判を下している。

つぎに、裁判所条例が勝手に戦争犯罪の定義を下していることに対して、博士はこう述べている。

「われわれは、国際法上の適切な諸法規を適用して、被告らの行為が、果たして犯罪を構成するかどうかを判定すればいいのである。裁判所条例を別個のものとして、国際法から除外して考えよという見解には同意するわけにはゆかない」「いかに戦勝国といえども、かかる裁判を施行するための、法律を確定する立法の権限は、国際法も、文明国も認めていない」

〝戦勝国といえども、立法の権限はないはずだ〟というこの博士のことばは、マッカーサーにとって、これ以上の痛棒はない。

パール博士のいうとおり、判事の権限の源泉は、裁判所条例にあらずして、国際法でなければならぬ。もし裁判官が、連合国軍司令官に従属して、占領政策の任務を分担するならば、それは民主主義の原則である〝三権分立の鉄則〟を破るものである。国際社会においても、司法権はあくまで独立の存在でなくてはならぬ。

したがって、もし裁判所条例が国際法と矛盾しないと判事が判定したときにのみ、条例は法律として生きてくるのである。しかるに、前述のごとく、この条例なるものは国際法とはなはだしく矛盾したものであり、戦勝国の司令官によって作文され、戦争犯罪の新観念まで創作したものである。いかに戦勝国の最高司令官が絶大なる権力をもっているにせよ、国際法までもねじ曲げて、これに従って裁判せよと判事たちに命令することはできないはずである。

法律に準拠しないで、予定された意図を遂行するために、裁判を行なうのであれば、初めから裁判所など設置しないで、いきなり被告たちを処刑した方が、簡明直截《ちょくせつ》である。それをわざわざ手数をかけて、ものものしく国際軍事裁判と銘うって、「平和に対する罪」「人道に対する罪」などと、もっともらしい罪名のもとに裁判したことは、自己の復讐意志を公正らしく見せるための欺瞞《ぎまん》行為といわざるを得ない。この点に関して、パール博士はつぎのように述べている。

「二十世紀の今日においては、戦敗国の人や財産に関して、戦勝国の権力が無制限なものであると主張する者は一人もいないと信ずる。復讐の権利は別として、戦勝国は疑いもなく、戦争法規に違反した人びとを処罰する権利をもっている。しかしながら、戦勝国が任意に犯罪を定義したうえで、その犯罪を犯した者を処罰することができると主張することは、その昔、戦勝国が占領下の国を火と剣をもって蹂躙《じゅうりん》し、その国内の財産一切を、公私を問わず没収し、住民を殺害し、あるいは捕虜として連れ去ることを許されていた時代に逆戻りすることにほかならない。国際法が戦勝国に対して、このように勝手に犯罪を定義することを許すようになったときには、数世紀前に、たしかに前に進むつもりで旅路についた国際法が、いつの間にか、出発点に逆戻りしていることに気がついて啞然《あぜん》とするであろう。おそらく人類もまた、その驚きを外面に示さぬだけの文明人となっていても、内心では同様の驚きを感ずるに違いない」

さらに博士は、語気鋭くつぎのように述べている。

「このような条例（チャーター）によって、裁判を行なう権限を有するにいたるというがごときことは、たしかにポツダム宣言においても、降伏文書においても予想されなかったところである。

……本官は、おそらくは、国際法および慣例までも無視して、かように重大な権力を、マッカーサー元帥があえて自己の掌中に握るであろうとは、瞬時も予想しなかった」と。

法はさかのぼらず

法はさかのぼらず（法の不遡及《ふそきゅう》、事後法の禁止）ということは、法治社会における根本原則である。これを侵すことは、難しいことばでいえば、罪刑法定主義の違反である。およそ法治国家、文明国家においては、あり得ないことである。しかるに、東京裁判においては、これをあえて侵しているのである。検察側は、東京裁判の法的根源は、カイロ宣言およびこれを受け継いだポツダム宣言第八項にあるとしている。

カイロ宣言の条項は、つぎのとおりである。

「右同盟国ノ目的ハ、一九一四年ノ第一次世界戦争ノ開始以後ニオイテ日本国が奪取シマタハ占領シタル太平洋ニオケル一切ノ島嶼《とうしょ》ヲ剝奪《はくだつ》スルコト、並ビニ満洲、台湾及ビ澎湖島《ほうことう》ノゴトキ、日本国が清国人ヨリ盗取シタル一切ノ地域ヲ中華民国ニ返還スルコトニアリ、日本国ハマタ暴力及ビ貪欲《どんよく》ニヨリ日本国が略取シタル他ノ一切ノ地域ヨリ駆逐セラルベシ。前記三大国ハ朝鮮ノ人民ノ奴隷状態ニ留意シ、ヤガテ朝鮮ヲ自由カツ独立ノモノタラシムルノ決意ヲ有ス」

これを受けたポツダム宣言の第八項は、つぎのごとく規定している。

「カイロ宣言ノ条項ハ履行セラルベク、マタ日本国ノ主権ハ本州、北海道、九州及ビ四国並ビニ吾等《われら》ノ決定スル諸小島ニ局限セラルベシ」

検察側はこれにもとづいて、東京裁判の管轄権は、一九三一年の満洲事変以後、四五年に太平洋戦争の終わったときまでの全期間における日本が侵した一切の行為であるというのである。

これに対して弁護人側は、ポツダム宣言が発せられたのは一九四五年の七月二十六日で、日本がこれを受諾し、ここに初めて東京裁判の法的根拠が成り立ったのだから、したがって、ポツダム宣言が発せられた七月二十六日現在において存在した戦争、すなわち、いわゆる太平洋戦争のみが本裁判所の審理目標たるべき戦争であるというのである。「われわれが大東亜戦争といい、諸君が太平洋戦争といわれた戦争の戦争犯罪人に限定すべきで、この戦争に関係がなく、すでに過去において終了している戦争を想い起こして、起訴するなど不可解千万である。その一つは遼寧《りょうねい》、吉林《きつりん》、黒竜《こくりゅう》、熱河《ねっか》における日本政府の行動を、戦争犯罪としているが、これは満洲事変を布告なき戦争と見てのことだろうが、満洲事変の結果満洲国ができ、その満洲国は多数の国によって承認されている。ソ連も東支鉄道を満洲国に売却した以上は、満洲国を承認したものと解釈できる。さらに驚くべきことは、一九三八年八月および一九三九年九月に、日ソ間において協定が成立したところの張鼓峰《ちょうこほう》事件、ノモンハン事件まで起訴されている事実である。しかも日ソ間には一九四一年四月、中立条約が締結され、一九四五年七月二十六日（ポツダム宣言が発せられた日）には、なんら戦争状態は存在しなかったのである」（清瀬弁護人の弁論、「速記録」四号二〇ページ）

パール博士は、この弁論を支持してつぎのごとく述べている。

「裁判所の管轄権に関する第一の実質的な異議は、本裁判所が裁判することのできる犯罪は一九四五年九月二日の降伏文書調印によって終結をみた戦争の継続期間中、もしくはその戦争に関連して犯された犯罪に限るべきである、ということである。本官の判断では、この異議は容認されなければならない。戦争に敗れたからといって、その結果、戦敗国家およびその国民が、その存在の全期間を通じて行なわれた不法行為のすべてに対して、裁判にかけられる立場に置かれると考えるのは、不条理である。今次戦争を除いた、他の戦争の継続期間中、あるいはそれに関連して犯罪を犯したかもしれない人びとを起訴する権限を、連合国軍最高司令官、もしくは連合国に付与している条項は、ポツダム宣言および降伏文書中には何もない」

さらに博士は、いったいカイロ宣言やポツダム宣言などというようなものが、国際法律上どれだけの価値があるのか、という大きな疑問符を投げかけ、つぎのごとく述べている。

「これらの両宣言は、たんに連合諸国の意向を表明しただけのことである。法律上、価値あるものではない。それ自体だけでは国際社会に法律上の権利を生じさせるものではない」

「本官がこれらの宣言を通読したところでは、前記の諸事件に関して、戦争犯罪人を裁判し、処罰するという、宣言国側の意図を表明したと同様の効果を有するものとは思われない。本官の判断では、たといこれらの宣言が、このような場合を含むものとして、読むことができると仮定しても、それはわれわれにとって大した助けにはならない。連合国はそのような意図をたんに宣言したからといって、それだけで右のような権限を法律上取得するものではない」

「ポツダム宣言中に引用されたカイロ宣言は、むしろ検察側の主張と背馳《はいち》するものである。

……本官はこれらの過去の諸事件に関連して、個々の戦争犯罪人に対して、なにか裁判を行なうとか、もしくは処罰をするというようなことを示唆するものを、その宣言のどこにも発見することができない。さらに、かような事項にまで管轄の範囲を拡大する権能をわれわれに付与する条項は、本裁判所条例の中にも全然発見し得ないのである」

「したがって本官の意見としては、一九四五年九月二日の降伏によって終わりを告げた戦争（太平洋戦争）以外の紛争、敵対行為、事変もしくは戦争の継続期間中、またはそれに関連して犯されたと称する犯罪は、本裁判所の管轄の範囲外にあると考えるのである」

まことに条理整然たるものである。

戦勝国がたとえどのような宣言を発しようとも、宣言は宣言であって、条約でもなければ、法的拘束力をもつ法律でも規律でもない。ポツダム宣言が日本側において受諾され、調印されて、初めて法的拘束力が生じるのである。日本が調印したそのポツダム宣言は、明らかに、第二次大戦中の戦争犯罪のみを規定しているのである。検察側は、ポツダム宣言はカイロ宣言を受け継いでいるというが、カイロ宣言のどこにも戦犯に関した文字は見当たらないのである。

法律を制定以前の事実に対してさかのぼって適用することは「事後法禁止の原則」として固く禁ぜられている。法はさかのぼらず、ということは法治国家における根本原則である。アメリカ自身もこれを憲法で禁じており、およそ文明国においては、これが法治の鉄則となっている。なぜなら、事後法は法にあらずして、私刑《リンチ》であるからだ。

ところが、東京裁判はあえてこれを侵し、遠く満洲事変にまでさかのぼってこれを裁いているのである。裁判劈頭《へきとう》、弁護人側は、法の遡及こそ、文明の名に恥ずべきだといって、激しく抗議した。ウエッブ裁判長は休廷を命じて、裁判官の意見調整を行なったが、ついに結論を得ないままに裁判は続行された。東京裁判を仕組んだ彼らの初めからのねらいは、実はここにあったのであろうが、まことに法と文明を冒瀆した乱暴な話というほかはない。

文明に逆行するもの

検察団は、この裁判の原告は〝文明〟であると宣言した。

だが、この裁判ほど、文明を冒瀆した裁判はなかったのではなかろうか。文明の名による、もっとも野蛮なる裁判であったといえるのではなかろうか。

人類がルネッサンスからフランス革命を経て、人権宣言にいたるまで、闘いとり、築きあげてきた今日の文明は、これを別のことばで表現するならば、法治共同社会への到達ということである。

われわれ現代人は、法治社会の中で生活している。法治の中にあればこそ、毎日を安心して暮らすことができるのである。もしわれわれの国が法治国でなかったとしたなら、乱暴者や権力者の恣意《しい》によって、われわれの生命や財産や自由が勝手に奪われるのならば、われわれは一日として安閑《あんかん》たり得ない。これを防衛するためには、個々人が武装する以外にない。あるいは集団を組んで自衛する以外にない。そのような長い間の無法な野蛮時代の血みどろの闘争を経て、強い者勝ちの世の中、暴力支配の世の中から脱却し、今日の法治社会を形成したのが、いうところの文明社会である。

法治社会の原則は何かといえば、「法律なければ刑罰なし」ということである。この原則を生んだ源は、フランス革命に発した人権宣言である。いまでは、世界各国のあらゆる憲法が、法によるにあらざれば、人民を逮捕したり、拘禁したり、処罰することはできないと規定している。同時に、言論・集会等の自由を保障している。これらはすべて、人権宣言の原則を採用しているのである。

人権宣言のもっとも根本的な原理は、つぎのことばで表現されている。

「なに人《びと》といえども、犯罪の前に制定せられ、かつ公布せられ、そして適法に適用せられた法律によるにあらざれば、処罰せられることなし」

この人権宣言の中に、はっきりと、先に指摘した「事後法禁止の原理」と「罪刑法定主義の原理」とがうたわれているのである。この二大原則は、およそ近代法律学の基礎をなすものである。同時にこれこそ、近代から現代を貫く民主主義の根本原則であり、これなくして、現代文明を考えることは、およそ不可能である。

法律には国内法と国際法とがある。この二大原則は、国内法であれ国際法であれ、確実に適用されなければならないことは論ずるまでもない。ところが、前にも述べたように、現行の国際法のどこにも、侵略戦争を犯罪とするような条文は見当たらないのである。否、侵略戦争とは何か、ということの定義さえも定かではないのである。まして、これが個人に適用されるという成文もない。ただ国際法が規定する戦争犯罪というのは、毒ガスの使用とか、俘虜の虐待、海賊行為、または武装軍隊の構成員にあらざる個人が、武器をとって行なう一切の交戦行為、間諜、戦時反逆、掠奪などに限定されているのである。したがって、侵略戦争を計画し、遂行した者を戦争犯罪人として処罰するということは、決して国際法に準拠したものではないのである。

国際法に準拠せずして裁いた東京裁判、新たにチャーターを制定し、この拡大解釈によって法の不遡及を侵した東京裁判こそ、およそ文明に背馳した裁判といわなければならぬ。

パール博士はつぎのように述べている。

「既存の法がないならば、犯罪の処罰はあり得ないということは、それが国際法であると国内法であるとにかかわりなく、すべて法の基本原則である。『法律ノナキトコロ犯罪ナク、法律ノナキトコロ刑罰ナシ』、また『遡及的ナル』処罰は、すべての文明国の法律に反するものであり、主張されている犯罪行為が行なわれた当時においては、どんな主権国も侵略戦争を指して、犯罪であると決めていなかったし、侵略戦争を定義した成文法はなんら存在せず、かような戦争を遂行したことに対する処罰は規定されておらず、また違反者を裁判に付し、かつ処罰するための裁判所も設立されていなかった」

かくして、日本のA級戦犯は、法律によらずして逮捕され、拘禁され、処罰されたのであって、明らかに罪刑法定主義を蹂躙したものであり、人権を踏みにじったものである。文明に対する冒瀆といわざるを得ない。

「人権宣言は、暴虐なる封建的専制政治に対して、民衆が血をもって闘いとった尊い遺産である。二十世紀の今日、みずから文明国と称する連合国が、勝者のゆえをもって、権力を濫用《らんよう》し、人権宣言を蹂躙し、裁判という形式をとって、この暴挙をあえてしたことは、文明の恥辱として、後世史家の弾劾《だんがい》を受けることは当然であろう」（赤松克麿著「軍事裁判について」二〇一～二〇二ページ）

キーナン首席検事は「日本は無条件降伏したのだから、連合国最高指揮官の命令に絶対に服従するのが当たり前だ」といい放った。この無条件降伏というのは、連合国が日本に対して本土決戦を避けるため、日本国の無条件降伏を、日本軍隊だけの無条件降伏に変更したもので、現にポツダム宣言の第十三項には「吾等ハ日本国政府ガ直ニ全日本国軍隊ノ無条件降伏ヲ宣言シ」と明記している。ドイツのごとく、占領軍によって政府も軍隊も馬蹄《ばてい》に蹂躙され、ことごとく、壊滅させられてしまったのとは違うのである。清瀬弁護人のいうとおり、ポツダム宣言の第五項には、連合国自身も、以下の条件はこれを守るといい、第十項において、日本人を奴隷化するものではない、国民として滅亡させるものでもない、言論・宗教および思想の自由ならびに基本的人権は尊重する、と約束しているのである。いわば一種の条件付き申し込みであって、日本政府はこの条件を呑《の》んで、ポツダム宣言を受諾したのである。

もしかりに、百歩譲って、全面的な完全なる無条件降伏であったとしても、オッペンハイムが警告しているように「占領なくして征服はないが、しかし、占領と征服を混同してはならない」のである。すなわち「占領は武力をもって敵の領土を占有することであり、その領土を十分に占拠し終わると同時に、その行為は完成されるものである」「交戦国は敵の軍隊を殲滅《せんめつ》し、その全領土を占領し、もって武力戦を終熄《しゅうそく》せしめた場合でさえも、その占領した領土を併合することによって、敵国家を滅亡させることを択《えら》ばないかもしれない。そして敗戦国と講和条約を締結し、その政府を再建し、そして占領した領土の全部あるいは一部をその政府に返還するかもしれない。征服は、交戦国が敵の軍隊を殲滅し、その領土を占領したのち、その占領した領土を〝併合〟することによって、敵の存在を破壊した場合に初めて起こるものである。それゆえに、征服とは、正しく定義すれば、戦争において交戦国の一方が、他方の軍隊を殲滅し、その国を占領したるのち、その領土を合併することによって、その国を〝滅亡〟させることである」

いずれにしても日本は、征服されたのでもなく、合併されたのでもなく、滅亡させられたのでもない。敗戦国として〝主権〟は存在しているのである。「たんなる占領、敗北、あるいは条件付き降伏、または無条件降伏は、決して、敗戦国の主権が、戦勝国に付与されたことを意味するものではない」というのは、国際法学界の定説である。ましてや、戦勝国が勝手に「事後法」を公布するような立法行為は許されていないのである。

ニュルンベルグの軍事裁判に、アメリカ首席検察官のジャクソン判事が、戦争犯罪人を追訴するにあたって、大統領に提出した報告の中で、つぎのごとく述べている。

「われわれは、審理なしに彼らを処刑もしくは処罰しようと思えばできる。しかし公平な方法によって、到達した的確な有罪の判定なしに、無差別に処刑もしくは処罰することは、アメリカの良心に顧みて、あまりやましくないことはなく、かつまたわれわれの子孫たちが、誇りをもって記憶することのできるものではあるまい」

このことばをとらえてパール博士は、「余人ならいざ知らず、ジャクソン判事ともあろう人が大統領というような権威ある人に対して熟慮のうえで提出した報告の中において、この二十世紀の世に、かような言辞を用いたということは、果たしてどのような権威にもとづいて、勝者は審理なしに、敗戦国の人民を処罰もしくは処刑し得るのかと質問したくなる。全く驚くべきことである」と述べている。

戦勝国が戦敗国の人民を、勝手に、審理もせずに処刑したり、奴隷にしたり、凌辱《りょうじょく》したりしたのは野蛮時代のことである。それを、文明国の第一級の判事が、〝やろうと思えばできるのであるが、それではあまり世間体が悪いから、裁判という、もっともらしい形を整えるのだ〟というがごとき、およそ文明の逆行もはなはだしきものである。だが、この文明に反逆する不遜《ふそん》なる報復的心理は、そのまま東京裁判につらなり、マッカーサーのチャーターになって表れている、とパール博士はいうのである。

戦争責任は国家か個人か

戦争犯罪は個人責任にまで及ぶか？

これは、この裁判を通じての、最大の論争の一つであった。

検察側は「日本政府において、有力な地位を占めて、これを動かし、その地位により、違法な戦争を共謀し、かつ計画、準備、開始、遂行したこれらの人びとは、かかる行為の生じたすべての犯罪行為の一つ一つにつき責任を有する」（「記録」四三三～四三四ページ）と断じた。

これに対して弁護人側は、「国際連盟では戦争を非難している。しかし侵略戦争をやった国の個人を、政府、国家でなく、一人一人の個人を犯罪とするような規定はまだ設けていない。一九〇七年のハーグ条約も、条約に違反した国の指導者個人を犯人とする文字はない。ケロッグ・ブリアン不戦条約も、これに違反した個人を処罰する規定はなく、ただその前文に、不戦条約に違反した国は、この条約上の権利を失うというだけである。……国際法はいかなる観点から見ても、国家の行為であり、かつ国家間の関係においてのみ存在し得る現象である、という前提のもとに成立したものである。戦争に関する問題を取り扱った条約や協定で、個人に言及したものは一つとしてないゆえに、かりに、戦争は犯罪行為であるとする説を是認しても、それは戦争の違法性を認めたと解釈されている条約にもとづくものであって、この条約の拘束を受けるものは、その条約の当事者たる政治主体、すなわち国家であって、決して血と肉を備えた個人ではない」（清瀬弁護人の弁論「速記録」四号二〇ページ）と反論した。

もっとも、戦時ならびに平時において、個人責任の課せられる若干の例外がある。そのもっとも古い例は、海賊行為の場合である。近代国際法の成立以前から、国際慣習によって、海賊は人類の敵と見なされ、母国の保護を受ける権利を失い、すべての国は自由にこれを捕らえて処罰することができることになっている。つぎに封鎖破りと戦時禁制品の運搬である。国際法は封鎖破りおよび禁制品運搬者に対して、積荷の没収というかたちで、特別の制裁を認めており、捕獲国の捕獲審判所がこれを裁く権利がある。第三の例外は、交戦法規の違反、すなわち、いうところの〝厳密なる意味における戦争犯罪者〟の処罰である。間諜行為や戦時反逆などがこれである。だが、東京裁判の被告が、このいずれにも該当していないことはいうまでもない。

実は一九二二年二月、ワシントンにおいて、潜水艦使用に関する条約というのが提示され、各国の反対にあって流産したことがある。その第三条には、「商船の攻撃、捕獲、もしくは破壊に関する本条約の規則を侵犯したる国家公務員は、上官の命令にもとづきたると否とを問わず、戦争法規を侵犯したるものと見なし、海賊行為の場合と同じく、裁判処罰を受くべくその現存する地域を管轄する国家の軍事または非軍事官憲の裁判に付することを得」と規定した。このとき各国は、国際法の基本原則に、このような個人責任の例外を認めることを非常に渋ったのである。そして、ついにこの条約が不成立に終わったことを見てもわかるように、「戦争は国家の行為」という理念が、文明国の間に支配的であったことは、まぎれもない事実である。

この事実をとらえて、高柳賢三弁護人は、

「上述せるごとき国際責任の制度は、現代の国際社会の現実に基礎づけられたものであり、それは国際社会の現実にてらして、実際上正義に合致する機能をいとなみうる唯一の制度である。……この制度のもとに『国家の行為』ということが大きく浮かび出ているとすれば、それは主権国家を完全に認めることによって、平和と秩序が維持せられている国際社会の現実の反映にほかならず、世界各国は、いまだ、このような国際社会に代わるべき〝世界国家〟の主権と、世界法の支配に対する用意を有するものとは認められないのである。国家の官吏が、他日異国の裁判官によって、『戦争犯罪人』と宣告されることをまぬがれるために、自国政府の命令が、果たして国際法、条約、協定、保障に違反していないかどうかを、一々みずから決定しなければならぬごとき状態のもとにおいて、国家の政治的、経済的ないし軍事的任務が遂行されうると考えるごときは、国家社会の現実に対して盲目なるものである」（高柳賢三著『極東裁判と国際法』七八～七九ページ）と述べている。

さて、ここでわれわれはパール博士の立論に聞いてみる必要がある。

パール博士は、その判決文の中で、とくに「個人責任」という一項を設けて、この問題を縦横に解剖し、解明し、判定を下している。博士がここで引用している主なる論文を拾いあげてみても、クインシー・ライト教授の『戦争の非合法化』、マンレー・O・ハドソン判事の著書『国際裁判所・過去と将来』の中の「国際刑事裁判所の提案」、カリフォルニア大学のハンス・ケルゼン教授の所論、ロンドン国際審議会の戦犯人の裁判と処罰に関する委員会の一員として勤務したのち、一九四四年モスクワ宣言に参加したグリュック教授の『戦争犯罪人、その訴追と処罰』『ニュルンベルグ裁判と侵略戦争』、ヘイル・ベロット博士の「ナポレオン・ボナパルトの拘禁」、フィンチ氏の「新しい国際的刑事概念」、モスクワ科学院法律学会のA・N・トレイニン教授の『ヒトラー一派の刑事責任』、ライト卿の「国際法上の戦争犯罪」、フィッツ・ジェームス・ステフェンの見解、等々。国際法学界の最高権威の所論を網羅し、あるいはこれを比較検討し、あるいはその論拠を衝《つ》き、あるいはその矛盾を指摘し、あるいはその正論をたたえるなど、それみずから一冊の名著をなしている。

これらの権威ある国際法学者の見解について、いちいち紹介する紙数をもたないが、現在の段階においては、国際法は、条約、協約、協定とともに、〝国家〟に適用されるものであって、〝個人〟に適用されるものでないことは自明である。したがって、戦争責任も、国家にあって、個人にはない、というのが学界の定説である。

「現代国家機構が複雑である点から考えれば、宣戦布告の責任を一個人、ないし個人の集団に帰することは困難である。今日絶対君主国はほとんど存在しない。大臣は立法府に対する責任のもとに行動し、さらに立法府は選挙民に対して責任を負う。民主主義の時代においては、個人をもって国家的な宣戦布告に対して責任のあるものとしようとすれば、当然その国民全部を起訴することになろう。この実際上の困難が、国家独立主権の理論と相まって、国際法における〝国家責任〟の原則が認められる原因となっているのである。したがって、その結果として、国家の権能のもとに行動する個人は、国際的裁判権から免除される」というクインシー・ライトの見解を、パール博士は強く支持してつぎのように述べている。

「国家の主権が依然として国際関係の根本的基礎であるかぎり、国家の憲法を運用するにあたってなされた諸行為は、依然として国際制度上においては、裁判を受けるべきものではなく、かような資格で職権を遂行した個人は、依然として国際法の圏外に置かれるということを、本官は忘れることはできない。だが、本官としては、この国家主権に恋々たるものでもなく、また、それに対する有力なる反対意見も、すでに唱えられていることを知っている。しかしながら、第二次世界大戦後における、各種の戦後機構にあってさえ、国家主権は、なお、きわめて重要な地位を占めている」

　国家主権に恋々たるものではない、というパール博士のことばは、非常に重要である。国家主権を最高絶対なものとしている今日の国際社会においては、国際法も条約も協定も、すべて国家を対象としており、適用は国家にあり、したがって責任も国家にあるのは当然である。だが、このような国家主権対立の国際社会が、永久的なものであり、かつ平和の保障に耐え得るものかというと、決してそうではない。高柳博士が指摘しているように、また、パール博士が別の個所で述べているように、国家主権の一部移譲によって世界連邦政府が構成され、世界法が国際法に取って代わる時代が到来したあかつきには、そのときこそ、戦争犯罪は個人の責任として訴追されるのである。そして、実はこのような時代が到来したときこそ、真に世界の平和が、法の秩序によって保障されるときなのである。パール博士は、国際法の発展が、世界法の導入にまで進むことを願い、このような世界法の支配する国際社会を念願しつつ、いまなお、国家主権が最高絶対の地位を占めていることの現実を慨嘆しているのである。

「少なくとも第二次世界大戦以前にあっては、国際法の発展の程度は、まだこれらの行為を犯罪もしくは違法とする程度にはいたっていない」

として、パール博士はつぎのごとく結論している。

「一、国際生活においては、どの種類の戦争も、犯罪もしくは違法とはならなかったということ。

二、政府を構成し、その政府の機関としての機能を遂行する人びとは、彼らがなしたと主張される行為について、国際法上なんらの刑事責任を負うものでないこと。
三、国際団体は、国家もしくは個人を有罪と決定し、これを処罰するための司法的手続きを、その機構内に包含することを得策とするような段階には、今日までのところ到達していないこと」

いうまでもなく、戦争犯罪の責任は個人にありとして裁いたのが東京裁判である。博士の判定をもってすれば、この一事だけでも、東京裁判は無効であり、なんら法的根拠をもたざるものと断定せざるを得ない。

最後に、博士はつぎのように述べている。

「日本がその目的を達成するためにとった行為が、合法的であったか、非合法であったかはしばらく措《お》くとして、その目的そのものは、まだ国際生活においては、違法なもの、もしくは犯罪性を有するものとは、されていなかったという判定を下さなければならない。もしそうでないとすれば、いまの国際団体（インタナショナル・コミュニティー）全体が、犯罪性のある種族をもって構成された団体であるということになる。少なくとも強大国の多くは、この種類の生活を営みつつある。そして、これらの諸行為が、犯罪性のあるものであるとするならば、国際団体全体が犯罪的生活を営みつつあるのであって、その中のある者（軍人、政治家）は、実際にこの犯罪を犯しつつあり、他はこれら犯罪についての事後共犯となりつつあるのである。今日までのところ、どのような国家も、まだかような行為を犯罪として取り扱った事実はなく、また、すべての強国は、かような行為をなした国家との間に、依然として緊密な関係を継続しているありさまである」

博士によれば、もし東京裁判の原則を容認するならば、ケネディ、フルシチョフはじめ、戦争を準備している、多くの強大国の、現在の指導者や政治家や軍人は、すべて犯罪的生活を営みつつある。そして、国民の大部分はその共犯者である、ということになるのである。

第二部

太平洋戦争はなぜ起きたか

――「共同謀議」という焦点

「全面的共同謀議」という妄想

第四部の「全面的共同謀議」は、パール判決文の主軸をなすものであるといってもよかろう。この項だけでも、日本文四百字詰め原稿用紙一千二百枚を超えるものである。検察側もこの点に非常な重点を置き、証拠固めは、ほとんどこの一点に絞っているといっていい。というのは、共同謀議の線が崩れるならば、東京裁判は根底から成り立たないからである。A級戦犯のA級たるゆえんは、満洲事変このかた、太平洋戦争にいたるまで、日本が行なったいわゆる「侵略戦争」に対して、被告が共同謀議に参画したか否かによって、逮捕状が出されていたからである。

訴追はこれを四つの段階に分けている。

第一段階　満洲の支配の獲得。

第二段階　満洲からその他の中国の全土に及ぶ支配および制覇の拡張。

第三段階　国内的施策ならびに枢軸国との同盟による侵略戦争のための日本の態勢整備。

第四段階　侵略戦争の拡大による東亜の他の地域、太平洋およびインド洋への共同謀議

　　の一層の拡張。

博士の判決文もこの順にしたがって、詳細に訴追の矛盾を衝《つ》きつつ、史実にのっとって、検察側の偏見と妄想を指摘して、共同謀議の不成立を判定している。これをいちいち解説するには、とても紙数が足りない。ここではその要点にとどめる。

検察側がこの裁判に「共同謀議」なるものをもち込んだのは、ニュルンベルグ裁判の模倣である。長きにわたるヒトラー独裁政権の戦争計画をそのまま日本にあてはめ、ヒトラーの独裁政権と日本の十七代にわたる内閣とを同一視したところに、そもそもの根本的なあやまりがある。

検察側は、満洲事変以後、太平洋戦争の終わりにいたるまで、国内と国外とを問わず、日本政府がとったありとあらゆる施策やできごと――教育や産業や貿易や外交政策等を含めて――すべて侵略戦争のための共同謀議であって、これらが全部被告に関係あるものとしているのである。

これに対しパール博士は、ジョージ・山岡弁護士[注1]のことばを引用して、冒頭につぎのごとく述べている。

「検察側が訴追し、かつ描写しようとした共同謀議なるものは、かつて司法裁判所において論述せんと試みられたもっとも奇異にしてかつ信ずべからざるものの一つである。少なくとも最近十四年間にわたる、相互に独立した関連のない諸事件が、寄せ集められ、並べられているにすぎないのである。検察側は、この集積中から、起訴状に述べられた目的を達成するため〝共同計画または共同謀議〟が存在したことを、一切の合理的疑惑を捨てて承認せよと法廷に求めているのである」

「かくのごとく、無数の寄せ集められた諸事実をつなぎ合わせて、共同謀議というならば、世界のあらゆる主要国家の政治家を、彼自身意図しなかった〝侵略戦争〟を準備し、かつ挑発したものとして断罪することができるであろう」

歴史というものは、すべて、因果関係によって成り立っている。歴史の因果関係よりすれば、すべての事象に偶発というものはなく、一連の相互関係によって編まれていくのであるが、これらがすべて、ある特定個人の共同謀議によって運ばれたと決めつけるがごときは、とんでもない妄想といわざるを得ない。

たとえば、一九二八年（昭和三年）以来、東条内閣の成立まで、十四の異なった内閣が成立し、瓦壊《がかい》している。しかもその瓦壊の原因は、ほとんどが国内的な事情――閣内の不一致や、テロや、疑獄事件や、議会の反対、軍部の反対――などによるものであって、決してヒトラー政権のように、長期独裁政権ではなかったのである。これを概観してみよう。

①田中内閣は一九二九年七月二日、閣内不一致のため倒れた。②浜口内閣が一九三一年四月十三日に倒れたのは、浜口首相が東京駅駅頭で右翼のテロ団に射《う》たれたためであった。③第二次若槻《わかつき》内閣は、一九三一年十二月十一日に瓦壊したが、これは若槻首相と安達《あだち》内務大臣との間に内訌《ないこう》があったためである。ついで成立した④犬養《いぬかい》内閣は、いわゆる五・一五事件の青年将校によって、犬養首相が暗殺されたため一九三二年五月十六日に倒れた。つぎの⑤斎藤内閣は、疑獄事件が閣僚および政府の高官に波及したため、この責を負って総辞職した。一九三六年二月二十八日の⑥岡田内閣の崩壊は、例の二・二六事件の結果であった。つぎに成立した⑦広田内閣は、広田首相と寺内陸軍大臣との間に、衆議院を解散するか否かの問題で意見の不一致を見、一九三七年一月二十三日に倒れた。そのあと⑧林内閣が誕生する。この内閣は、祭政一致論を唱えた林が議会を解散したが、新たに選ばれた議会が林の国内諸政策に反対したため、一九三七年五月三十一日に崩壊する。そして⑨第

一次近衛《このえ》内閣が誕生する。この内閣も防共協定に関する閣僚間の意見の不一致のため一九三九年一月四日に倒れた。つぎの⑩平沼内閣は、日独防共協定を結んだが、突如予想もしなかったドイツとロシアとの間の不可侵条約締結のため、一九三九年八月二十八日に、わずか七カ月の命運で倒れた。つぎに⑪阿部内閣が誕生するが、この内閣も短命で、倒れた理由は、国内物価政策と貿易省設置の問題で一九四〇年一月十四日に崩壊した。つぎの⑫米内《よない》内閣も七カ月の寿命で、一九四〇年七月十六日に倒れたが、その原因は新政党形成に関する意見不一致のためである。⑬第二次近衛内閣は、一九四一年七月十六日、松岡外相との意見の相違で倒れ、⑭第三次近衛内閣が生まれるが、これまた東条陸相との対米政策に関する意見の不一致で、一九四一年十月十六日に崩壊する。

この歴史的事実に照らして、パール博士はつぎのように述べている。

「ヒトラーと異なって、日本においては起訴状に述べられている期間中、これらの内閣、または軍部内における支配的地位を継続的に占めていた者は一人もいなかったのである。これらの内閣の三つの場合、すなわち一九二七年四月から二九年七月にいたる田中内閣、同二九年七月から三一年四月にいたる浜口内閣、ならびに三七年二月から同五月にいたる林内閣の期間中において、被告らのうち、誰一人として、内閣の一員、または参謀総長もしくは軍令部長であった者はないのである」

内閣にも参与せず、軍の統帥の実権も掌握せずして、どうして侵略戦争の共同謀議なるものが成立したというのであろうか。一つの共同目標に向かって、たゆまざる謀議を続け、戦略、戦術を議してきたなどと、どうして信ずることができるであろうか。

共同謀議どころか、皮肉なことには、二十八名のA級戦犯の中には、政敵として争い、政権獲得に成功した者もいれば、これを倒すために熱心に努力した者もいる。また、青年将校に突きあげられて、昭和維新を呼号し、暴力革命の先頭に立った者もいれば、これにあくまで抵抗して議会主義を守ろうとした者もいる。自由主義を貫くために政治生命をかけた者、ナチズム、ファシズムに傾倒して、民族主義、全体主義をもって国政を立て直そうとした者、反英米派もいれば、親英米派もいたのである。満洲事変から太平洋戦争にいたるまでの日本の政治の特色は、混迷状態の一語につきる。この混乱と内紛と不統一が、ついに日本の悲劇を招来したともいえよう。禍根はむしろ不統一にあったのである。二十八人の被告の顔ぶれから判断しても、そこには何ら共通性、一貫性は見出《みいだ》されない。彼らは、もとより同志でもなく、また徒党を組んだのでもない。もしあえて共通的なものを求めるとしたら、ついにそれほどの偉大な識見も経綸《けいりん》もなく、全国民の衆望を担うほどの仁徳もなく、日本民族の志向を帰一させるほどの能力ももたないままに、歴史の潮流の上に躍り、あるいは押し流された人びとであるということであろう。日本の歴史を裁く、というなら話は別である。満洲事変以降十四年間、日本の経済や、教育や、宗教や、文化まで含めて、一切が二十八人の共同謀議によって、すべて、計画的・統一的に手が打たれた、用意された青写真に従って、周到な準備のもとに、侵略戦争が行なわれた、などということは、実にバカバカしい妄想といわなければならぬ。

たとえば、検察側は「教育の軍国主義化」という段階を設けて、学校で軍事教練をやり、武官を配属した、日本民族の優秀性を強調した、超国家主義を煽《あお》り、大東亜共栄圏の理想を鼓吹《こすい》した、言論の検閲制度をきびしくし、出版を統制した、というような問題に対して、おびただしい文書による証拠を提出するとともに、多数の著名人の証言を求めている。さらに「産業の統制」という段階では、企業の統合を強行し、低金利政策をとり、輸入貿易の制限を行ない、軍需生産の向上を煽ったとして、これまた多くの証拠と証言をもって裏づけている。つまり、かくのごとき行為は被告らの全面的共同謀議による侵略的準備を示す証拠であるというのである。実にナンセンスな話である。非常事態下に置かれた国家、または戦時体制下に置かれた国家として、国民に対するこのような教育や訓練や統制は、どこの国でも通常行なわれていることである。戦時下でなくとも、現在のソ連[注2]や中共[注3]の方が、もっときびしいかもしれない。

これに対してパール博士は「検察側が全面的共同謀議の立証を試みるために、かような性質の証拠を提出しなければならなかった事実そのものが、その試みの絶望的性格を示すものである」として、つぎのように述べている。

「検察側が共同謀議を訴追するにあたって、一九三一年の満洲事変以前に存在した日本政府をもその網の中に入れるところまで行かなかったことにも注意すべきであろう。満洲事変前の政府の閣僚の一、二名は、その共同謀議に入ったと主張されそうなものである。なぜなら本件において証拠となっている教育政策は、その当時からの政府の政策であったはずだ」

「このような政府の政策、行為および発言が、侵略準備であり、犯罪であるというならば、本官としては、世界のどのような国の、どのような政府の一員も、安全ではあり得ないと思う」

「検察側の主張する共同謀議の犯罪事実を、この証拠から読みとるためには、この点に関してすでにその理論で固められた頭――行きすぎてみずからを欺《あざむ》き、ありもしないつなぎ目を強《し》いてとりつけ、かつ先入的となった理論を裏づけるような事実を、当然なこととして取り上げるほどに器用な頭――を、実に必要とするのである。本件のこのような裁判には、臆測《おくそく》と疑惑が合法的証拠にとって代わる危険性がつねにあるのである。先入的偏見と、故意のえこひいきをもって、これを取り上げることのないよう、戒心しなければならぬ」

注1　ジョージ・山岡（一九〇三〜一九八一）　日系アメリカ人。東京裁判当初、東郷茂徳《とうごうしげのり》の弁護人を務め、のちに広田弘毅の弁護人も兼ねた。アメリカ人弁護人の中には必ずしも助けとならない弁護人もいたが、彼は、ブレークニーとともに、強力な助っ人だった。二カ国語を話せたことから、日本人弁護人とアメリカ人弁護人との橋渡し役ともなった。誠実な人柄もあり、コールマン弁護団長の辞任後、弁護団長そのものはなくなったが、彼が実質的にその役割を果たした。

注2　一九九一年十二月、ソ連共産党の解党により連邦が解体。その後、現在のロシア連邦へと再構成された。

注3　中国共産党の略。日中国交正常化（一九七二年）以前には、日本国内で中華人民共和国を指す言葉として使われていた。

便利な法律の武器

ともかく検察側は、共同謀議をデッチあげないことには、日本を裁いたことにならない。日本の指導者が、長期にわたって、計画的に侵略戦争を準備し、青写真どおりそれを実施したのだと決めつけなければ、この東京裁判は成り立たなくなる。もし共同謀議の線が消えてしまえば、結局A級戦犯といえども、B・C級戦犯と同じように、単純な戦争犯罪、いわゆる厳密な意味における戦犯として処罰する以外にない。そこで検察側は、共同謀議のデッチあげに躍起となったのである。

前にも触れたが、たとえば多くの財界人や物動計画[注1]にたずさわった人たちを証人として召喚し、軍需資材の生産五カ年計画を作成したとか、特定の軍需産業に国庫補助を与えたとか、はなはだしきは電力統制を行なった、石油の生産や輸入に努めた、石炭・鉄鋼などの基幹産業を振興した、造船・機械工業・自動車工業などを発展させた、こうしたことはすべて侵略戦争の準備であり、被告たちの共同謀議の結果であって、許しがたき犯罪行為である、と決めつけたのである。

軍需物資の調達や生産および価額の統制、生産施設の発展・伸長が許しがたき犯罪行為であるというなら、いまの米ソの指導者はもちろん、世界中の政治家という政治家は、すべて戦争の共同謀議の参画者として訴追されなければならぬ。まして核兵器の製造や、その運搬手段としてのミサイル・爆撃機・原子力潜水艦の製造を計画し、命令し、実施せしめている人物は、すべて国際軍事裁判に訴追されるべき戦犯でなければならぬ。それを、戦争に負けたということで、敗戦国の指導者のみにあてはめたところに、この裁判の無理がある。パール博士も「たしかに戦争準備には違いなかったであろうが、多かれ少なかれ、当時（現在もなおそうであるが）世界のいたるところで、同様な準備が行なわれていた事実を考えれば、日本が侵略戦争の準備を整えつつあったということを、どうしてわれわれは右の事実の中から下さねばならないのか、その理由がわからない」といっている。

だいたい「共同謀議」などという罪名は、英米法のみにあって、他の文明国には存在しない罪名である。しかも軽罪に対する特殊な罪名で、非合法行為を合同してたくらんだ場合のみをいい、英法では最長期二カ年の刑に処せられる罪である。すなわちローマ法系においては認められておらず、したがって「文明国の認める法の一般原則」とはなっていないのである。[注2]まして過去において共同謀議が国際法上の犯罪であるなどという事例もなければ、そうした理論さえも国際法学者の間で行なわれたことはないのである。

しかるに検察側は、この特殊な軽罪たる共同謀議罪を、突如としてここにもちだし、しかもこれを、極悪罪として宣伝したのである。この矛盾を指摘して、高柳賢三《たかやなぎけんぞう》弁護人はつぎのごとく述べている。

「〝共同謀議〟という言葉がすこぶる曖昧《あいまい》であるという事実は、国内法を類推して国際法上の犯罪を創造せんとすることがいかに危険であるかの極めて顕著な例証として役立つことを、裁判所は了解せられるであろう。英米法によれば、共同謀議は一つの軽罪に対する特殊な罪名である。……しかし、通俗的には、この言葉はもっとも極悪な犯罪、すなわち暴力を用いて政府を倒壊することを目的とする共同計画の意味で用いられる。すなわち端的にいえば反逆罪である。検察側はこの言葉を用いて訴追していない。なぜか。それは本裁判の被告人たちは、この罪名のもとにとうてい有罪となり得ないことは、誰にでもわかる明々白々のことだからである。被告人たちが倒壊せんとした反逆罪の対象たる〝世界国家〟なるものは存在しないからである」「かくして検察側は、特殊な軽罪たる共同謀議罪をもって、国内法中もっとも重大な罪を問い、極刑を求めていることとなるのである。これは軽罪たる共同謀議罪の類推ではなく、実は、反逆罪陰謀の類推なのである。しかるに被告人は反逆罪には問われていないのである」（高柳賢三著『極東裁判と国際法』一〇三ページ）

たしかに高柳博士のいうごとく、東京裁判における「全面的共同謀議」は、その罪名を英米法から取りながら、反逆罪陰謀の類推として極悪罪を強《し》いようとするものである。反逆罪は、国家を結びつけている組織を暴力によって破壊し、彼らの好む組織に変えんとするもので、したがって各国とも、かかる計画を極悪非道の犯罪とするだけでなく、これに対する強い恐怖心から、計画に少しでも関与した者、この計画を知らないで加担した者まででも、重罪をもって処罰しているのが通例である。ところが、日本の指導者たちが、計画し陰謀して破壊しようとした世界国家は存在しないのである。

他国の利害を無視して、輸入に高い関税をかけたり、軍需産業を興《おこ》して、厖大《ぼうだい》な軍備を蓄積する国家を抑制し、またはこれを処罰する世界法もなければ、世界政府も存在していないのである。このような世界政府の思想は、第二次大戦後各国に広まっており、核兵器の発達とともに、その必要性がますます痛感されているのであるが、しかし遺憾ながら世界政治の現実は、いまなお主権国家からなる国際社会という前提のもとに運営されているのである。いわば国際社会は無政府状態のままに放置されているのである。無政府社会において、反逆罪が成り立たないことは、理論上からいっても、実際上からいっても、明々白々である。

「われわれのここに指摘せんとするのは、一方戦争の準備を行なうことと、他方反逆罪の陰謀をなすこととを同列に置くべきでないということである。反逆罪の陰謀にともなう残虐な刑罰を、独立国の政治家や軍人の行為に対し、新奇かつ驚くべき方法で、適用することを正当化するような類似性はその間にないことを銘記すべきだ」（高柳賢三著『極東裁判と国際法』一〇五〜一〇六ページ）と高柳博士もいっている。

この問題に関してハーバード・ロースクールのF・B・セイヤー教授の理論は、もっと皮肉であり、徹底的である。

「共同謀議の理論は変則的・地方的な理論であるとともに、そのもたらす結果もかんばしからぬものがある。ローマ法系はかような理論を知らず、またそれは現代大陸諸国の法典中にも見当たらない。大陸の法律家で、かような理論を関知している者はまれである」

まさしく、東京裁判における全面的共同謀議なるものは、セイヤー教授のつぎのごとき表現にぴったりあてはまるのであるとして、パール博士はこれを紹介している。

「その輪郭はきわめて曖昧、その性格はすこぶる不明瞭《ふめいりょう》……。かかる原則のもとにおいては、なに人《びと》といえども、他人と協力した場合、後日、未知の裁判官の予断的な好悪や、社会的偏見によって、自己の自由が左右されることになりかねない。かくのごときは、まさしく法による裁判とは対蹠的《たいせきてき》なものである」

「それは時の権力者の好まざる集団を処罰するに熱心な検察官や裁判官にとって、まことに便利な法律上の武器である」

東京裁判は、この「便利な法律上の武器」を存分に振り回したものといえよう。

注1　物資動員計画の略称。日中戦争下の一九三八～四五年、軍需生産に物資を集中させるために実施さ

れた物資の需給計画。民需品の輸入制限、内需抑制、生活簡素化などが図られた。

注2　複数人で違法行為の遂行を合意しただけで処罰の対象となる「共同謀議（コンスピラシー）」は、英米法上の特殊な犯罪とされてきた。しかし近年では、テロ対策などの観点から、「共謀罪」の必要性が説かれるようになり、国連が二〇〇〇年に採択した国際組織犯罪防止条約では、締約国に共謀罪（もしくは参加罪＝組織的な犯罪集団に参加する行為を処罰の対象とする）の創設が求められている。

底を流れる人種的偏見

この判決文の中で「人種的感情」と題する興味ある一項目があげられていることは、いかにもパール博士の所論にふさわしい。

二百余年間の英国の圧政の中で、人種的偏見に苦しめられたインド民族の血の中には、とうていわれわれの想像も及ばないような、苦悶《くもん》の累積がある。人種問題に対して、きわめて敏感であり、激しい抵抗感を覚えるのは当然であろう。しかし博士は、人種問題をたんなる感情論として取り上げているのではなくて、平和問題の中にガッチリと受け止めているのである。

一九五二年（昭和二十七年）、博士は下中《しもなか》弥《や》三郎《さぶろう》[注1]の招待にこたえて、再度来日し、広島で開かれた世界連邦アジア会議に出席して、特別講演を行なった。この席上、博士は厳しい語調をもって人種問題に触れ、つぎのごとく提唱した。

「まず、この世界連邦に加入すべき国ぐには、どんな国でなければならないか。皆さんはそういう問題についてお考えでしょうか。たとえば東洋における被征服国民はいったいどうするか。いまなお現実の問題として、われわれの目の前に横たわる征服国と、被征服国との関係、こうした面白からざるところの状態を調節するためには、いったいどうしたらよいか。皆さんは西欧諸国の侵略によって、虐げられた弱小民族の現状をこのままにしておこうというのか。あるいは、これをどうしようというのか。このような新しい調節、あるいは是正が、果たして皆さんの考えているところの世界連邦によって達成されるであろうか。あるいはまた、この民族間のあまりにもかけ離れた文化・経済・民族の諸問題をどういうように処理すべきであろうか。このような場所で、わたくしが人種問題を提起することについて、ある人はあまり喜ばないかもしれない。しかしながら、この問題がアジア、アフリカにおいてなおも大きな問題になっていることは事実である。これは、われわれの手によって解決すべき問題ではないかと思う。こういう民族問題、あるいは人種問題が、いまなお、未解決のまま放置されているということは、われわれの断じて容認し得ないところである。しかもこの問題は、西洋諸国において、相当責任があるということを、わたくしは断言することができる」

「この人種問題が提起されると、いつでも西洋諸国によって、ごまかされ、曖昧にされがちであった。しかしながら、この問題が現に未解決のままに、しかもわれわれの間に、大きな問題として残っていることは、まぎれもない事実である。この問題が根本的に解決されずして、どうして東洋と西洋はともに仲よく手をとりあって進んでゆくことができるか。わたくしは人種問題、民族問題を除外して、永久平和も、世界連邦もないと確信している」

「現在、東洋諸国の政府は、この西洋諸国の人種的偏見、残虐に対して、種々の抗議を申し込んでいる。しかしながら実際には、南ア問題において責任を負わされているのは東洋民族、アフリカ民族なのである。圧迫され、虐殺されているアジア、アフリカ民族が、逆に西洋諸国から責められているということは、いったいどうしたことだろうか。国際連合に代表として英国から参加しているジャン氏のごとき、実に尊敬すべき人物ですら、あの公開の席上において、『東洋諸民族は、人種問題をもちだして、この会議を混乱せしめている』というようなことをいっているのである。かくのごとく、人種問題については、いまだに白人種が、黄色人種や黒色人種を圧迫し、虐げ、そしてその責任を他に押しつけ、これをなじっているありさまである。このような状態において、果たしていつ、真の意味の平和をもたらすことができるであろう。またわれわれは、いつの日にか、この問題を解決することができるであろうか」（以上、拙著『平和の宣言』一一二～一一六ページ）

おそらく博士は、この気持ちで、東京裁判をじっと見守ってきたに違いない。

検察側は、共同謀議の訴追を立証するために、（一）日本の政治の戦争への編成替え、（二）日本の世論の戦争への編成替え（起訴状付属書第六節）という二つの問題を取り上げた。ことに、世論の戦争への編成替えについては、「民間タルト陸海軍タルトヲ問ワズ総《す》ベテ教育制度ハ、全体主義、侵略戦争ニ対スル熱望、可能ノ敵ニ対スル残忍ト憎悪ノ精神ヲ注入スルニ用イラレタノデアル」とし、その証拠として、①教育の軍国主義化、②宣伝の統制および広報、③戦争に対する国民動員の三つをあげ、これに対して、一つ一つ詳しい論告が行なわれた。

ことに、被告らが行なった教育方針の変革は、あらゆる青少年の心に、民族的優越感を起こさせるにあったとし、かかる教育方針は、平和愛好国民に対する挑戦であり、重大犯罪であると論告したのである。

これに対してパール博士は「これらはすべての国民に共通な欠陥である」と前置きしてつぎのように述べている。

「あらゆる国民が、自分の人種こそ他のいかなる人種よりも優秀であるという謬見《びゅうけん》のもとにあるのである。そして、国際生活において、人種的差別が持続されるかぎり、この謬見はじつに防禦《ぼうぎょ》武装なのである。どの一国をとってみても、その指導者たちは、衷心《ちゅうしん》より、この謬見こそ自国民を劣等感の有害な影響から護《まも》るものであり、また西洋諸国の行動が、人種的差別に基づいている事実に徴し、かような感情は、自己防衛の方便として必要なものであると考えることができるであろう」

自国の青少年に対して、民族的優越感を植え付けたことが犯罪であるというなら、現在の米ソや中共やインドやその他新興諸国家の指導者たちは、いずれもこの犯罪行為を、はるかな過去から現在にいたるまで犯しているといわねばならぬ。ことにユダヤ教やキリスト教などを通して、白人一般が抱いている選民思想なるものをどのように解釈したらいいのだろうか。博士はこの問題に関して、トインビー教授の名著『歴史の研究』を引用している。

トインビー教授は「十八世紀において、海外諸地域の支配をめざす西欧諸国民間の競争は、英語を話す新教徒の勝利に終わった」として、その征服の歴史過程および彼らが掌握した全世界にわたる広範な地域について述べ、「こうして英国新教派の西洋文明によって培われた人種的感情は、全西洋社会を通じての人種的感情を発達させる決定的な要素となったのである」とした。パール博士は「これはたしかに人類の不幸であった」と詠嘆している。

トインビー教授の言によれば、「これらのキリスト教徒は、自己を必然的にエホバの意思を奉《ほう》じ、かつ神約《しんやく》の地を占領するという、神のための仕事を行なうイスラエルの民になぞらえ、同時に、彼らの仕事を妨げるこれらの非欧州民族らを、神がその選民たちの手にゆだねて滅ぼさせるか、征服させるかしたカナンの住民たちと同一視したのである」

思えば、この選民思想のために、人類はどれほど不幸な目にあったことか。このためにいくたびも戦争が繰り返され、多くの異邦の民が虐げられ、奪われ、虐殺され、おびただしい悲劇が地球のいたるところで繰り広げられた。

「われわれ西洋人が、人を〝原住民〟と称するときに、われわれは彼ら〝原住民〟に対する感覚の中から、暗に文化的色彩を除去しているのである。われわれがある土地で偶然に見うける〝歩む樹〟または〝野生の動物〟としか、彼らはわれわれの目に映らないのである。要するに彼らは現地の動植物の一部としか見えず、われわれ同様感情を有する人間とは見えない。かように彼らを人間の圏外のものと見ることによって、われわれは彼らを通常の人権を有しないものとして取り扱っても差《さ》し支《つか》えないと考える。彼らは諸々《もろもろ》の土地に住む土着人にすぎなく、どんなに長期にわたって居住していても、取得時効[注2]による権利は付与されない。現在英語で使用している〝原住民〟という言語には、暗に以上のことが含まれているのである。明らかにこの言葉は、科学的用語ではなく、行動の具である。すなわち行動計画の〝先行的〟正当化である。それは西洋の実践の領域に属し、西洋の理論の領域には属していない」

これは西洋人であるトインビー教授自身のことばである。

このような非情な倫理と感情のもとにあったればこそ、西洋人は、十八世紀から二十世紀にかけての三世紀の間、その飽くことを知らない征服欲を、存分に満足させることができたのである。彼らの植民地戦争における、あの目をそむけたくなるような残虐行為、傍若無人な振る舞い、極悪非道な掠奪《りゃくだつ》ぶりは、土着人を人間とする、人道的・人権的な感情や倫理観が、たとえ一ミリでもある者にとっては決してできないことである。

このようにして、アジア・アフリカの広大な地域に住む、世界人口の五分の三が、人権を無視された〝動植物〟としての取り扱いを受けてきたのである。

注1　下中弥三郎（一八七八〜一九六一）平凡社を創設、大政翼賛会に協力し、戦後公職追放、五一年に復帰し、世界連邦運動のリーダーに。

注2　他人の物を一定期間継続して占有すると、占有者が所有権を取得できるという制度。

人種問題への提言

そこでパール博士は論理を一転して、このような人種的差別をなくしてほしいと、最初に国際会議の席上で提案したのは日本であった、しかるに西欧諸国は、この日本の正当な提案に対して、最後まで反対したとして、その事実について詳しく述べている。

白色人種は三世紀にわたって、その権力と技術の体得によって、有色人種に向かい、有色人種は白色人種に比して、生来劣等であるという観念をたたき込んできた。有色人種はみずからも、そのあやまった観念を信ずるようになった。ところが、日露戦争における日本の勝利は、白人の優越感に対する有色人種の最初の挑戦であり、不当なる人種的偏見のあやまりを実証した。いままで絶えざる白人の圧政と搾取に苦しみもがいてきた全世界の有色人種は、日本の勝利をわがことのごとく喜び、かつこれによって、非常なる自信を得た。有色人種は白色人種にくらべて、生来劣等であるという観念は、見事に破られたのである。アジア・アラブに起こった民族独立運動が、ほとんどこの一九〇四〜〇五年の日露戦争における日本の勝利の影響であることは、歴史の証明するところである。孫文《そんぶん》の中国革命、クオン・デ侯のベトナム独立運動、アギナルド、リカルテのフィリピン独立運動、ウー・オッタマ僧正のビルマ独立運動、ケマル・パシャ（ケマル・アタチュルク）のトルコ復興運動……数えあげれば際限がない。ネール首相もその自叙伝の中で、「このときの感動は私の一生をとらえた。私はこのとき初めて、自分の生涯をインドの独立運動のために捧《ささ》げることを誓った」と書いている。

だが、白人優越の烙印《らくいん》はなお残存した。習慣や態度は容易に変わらなかった。日本は人口問題に悩まされ、海外移住地を太平洋岸に求めた。アメリカもオーストラリアもこれを拒んだ。欧州には〝黄禍論《こうかろん》〟がもちあがった。有色人種の地位は、白色人種の下位に甘んじなければならなかった。第一次大戦が起き、連合国が日本やインドなどの有色人種の協力によって、辛うじて勝利を得ることができたとき、日本は人種関係を平等の立場で終局的に解決する絶好の機会が到来したと思えた。すなわち世界大戦の結果として、軍事・政治・経済にわたる初めての国際団体（国際連盟）が組織されるにあたって、日本は「人種は平等である」という一項を、連盟規約の中に加えてほしいと要求したのである。

パール博士は、この間の事情について、実に詳細な説明を行なっている。以下は、その概要である。

一九一九年（大正八年）パリ講和会議において、日本の代表である牧野伸顕《まきののぶあき》・珍田捨巳《ちんだすてみ》の両全権は、世論に気を配りながら、きわめて慎重に、米代表のハウス大佐の賛同を求めた。ところが、ハウス大佐の斡旋《あっせん》にもかかわらず、まずオーストラリア首相のウィリアム・モリス・ヒューズが真っ向からこれに異議を唱え、英国全権団はこぞって反対に回った。そこで、珍田全権は「人種或《あるい》ハ国籍ノ如何《いかん》ニヨリ法律上或ハ事実上何等《なんら》差別ヲ設ケザルコト」という、各国民均等正義の決議案を作成、これをさらに文章をやわらげて、牧野代表が動議として提出した。このときの牧野代表の演説は、真摯《しんし》にして礼儀正しく、穏当な開陳であったと記録されている。日本提案は各国委員の賛成を得、十九人の委員のうち十一人が賛成した。二人は欠席し、反対投票はなかった。しかるに英国代表のロバート・セシル卿は「激烈ナル論争ノ目的物タル問題」であり、「英国内ニ極メテ由々《ゆゆ》シキ問題ヲ起コスモノ」との理由で、日本提案を強く拒否した。日本は規約前文の中に「各国民の平等およびその所属、各人に対する公正待遇の主義を是認し……」といったような一文を挿入するだけでも満足であるという修正案を出した。この最終会議における日本側の譲歩にもかかわらず、セシル卿は頑強に反対し続け、ついに議長の米国大統領ウィルソンは「委員ノ一部ガ抱懐スル重大ナ異議ニ鑑《かんが》ミテ」この修正案さえも否決してしまったのである。最後の総会の席上で、牧野代表は「日本政府および人民は、永年不断の不満を解決せんことを目的とし、深甚なる国民的信念にもとづく公平なる主張が採択されなかったことを、はなはだ遺憾とするものである。……余はこの問題の将来の結果如何について多大の危惧《きぐ》を抱くものである」という警告を発した。

このようにして、日本代表の懸命の努力にもかかわらず、国際連盟においても、ついに白人の優越感を駆逐することはできなかったのである。この事実に加えて、太平洋周辺の白人諸国は、経済的・人種的な理由にもとづいて、アジア諸民族を排斥する運動を起こしたのである。その初期においては、たんに地方的性質をもったものであったが、漸次《ぜんじ》これが全国的運動の形態を示すようになり、ついには、国家による立法、国家による法律励行の制度となった。

かくて人種的偏見の感情、有色人種排斥運動は、第一次大戦後その力を減ずることなしに存続し、これを支持する議論の重点も、次第に経済論から文化的・生物学的議論に移っていった。この事実は一九一七年から一九二四年にいたるアメリカの法律をひもといてみれば一目瞭然《りょうぜん》である。

日本は、アメリカからもカナダからもオーストラリアからもニュージーランドからも閉め出された。日本は人種的侮蔑《ぶべつ》感《かん》と過剰人口に悩まされ続けた。過剰な人口を抱え、貧しい資源しかなく、経済的に困窮した日本がそのはけ口を大陸に求めたとしても、それは責められるべき行為であったろうか。当時ハウス大佐は英外相バルフォア氏に対してつぎのように語ったという。

「世界は彼ら（日本人）に対してアメリカに行ってはならない、いずれの白人国にも行ってはならない、中国もだめ、シベリアにも行ってはいけないといった。しかし彼らの国は、土地はすべて耕しつくされており、しかも、人口は日々に増加しつつある。彼らはいったい、どこへ行ったらいいのだろうか」

ハウス大佐は、人口過剰に悩む日本に対して国際連盟がきわめて冷淡であるばかりか、人間平等の精神さえも拒否したことに対して、自省しているのである。シュワルゼンバーガー博士も、「白人国は日本に劣等感を植え付けた責任の一端を負うべきである」と述べている。太平洋戦争の遠因をなしたともいうべき、このような白人帝国主義による人種的偏見の歴史を一切棚あげにして、日本の指導者が行なった、青少年の心理に民族的優越感を植え付けたことのみを、犯罪として摘発する検察側の論告に対して、パール博士はつぎのように判定している。

「日本の指導者のうちで、青年の心理に人種的優越感を植え付けることによって、彼らの民族を保護しようと考えたかもしれない者を非難することはできない、西洋人と同じように、日本人もまた〝選民の神〟の崇拝者であったとしても……」

さらに博士は「『原子爆弾はすべての利己的な人種感情を破壊し、われわれの心の中に、人類和合の念を目覚めさせた』と、これを投じた側の国では宣伝しているが、果たしてそうだろうか。人種的偏見は、まだ世界のいたるところに潜んでいはしないか。最初の原子爆弾の実験台として、決して彼らは白人国を選ぶようなことはしなかったであろう。これを投下した国から、われわれはいまだに、真実味のある、心からの懺悔《ざんげ》のことばを聞いていない。今後ともに平和を語るうえにおいて、果たして、そうした冷酷な態度が許されるのだろうか」という意味の痛烈なる批判を投げかけたあとに、つぎのような切々たる願望をこめて、この一節を結んでいるのである。

「本官は他の人びととともに、第二次世界大戦によって、この人種的感情は一掃され、すべての人の心を謙虚にさせ、人種平等の尺度にもとづいて物事を考えることができるようにしたいものだと望み、またそう信じたいと思う」

まさしく、博士のいうとおり、世界のすべての国民が、皮膚の色によるいわれなき迫害や、侮蔑感情を一掃し、謙虚な心で、お互いの立場、お互いの人格を認め合うようにならないかぎり、世界平和は望みがたい。日本の民族的優越感の鼓吹を裁く前に、いまだに白人社会のいたるところに横たわっている選民思想と人種的偏見をこそ、反省すべきではないか。この判決文のいたるところに滲《にじ》みでている博士のこのような人類愛に根ざした世界平和への提言にこそ、世界は謙虚に耳を傾けるべきではなかろうか。

満洲事変はなぜ起きたか

起訴状によれば、日本の指導層による全面的共同謀議は、一九三一年の満洲事変勃発《ぼっぱつ》のときからということになっている。それ以前には共同謀議の事実はなく、なぜそれ以降において共同謀議が始まったのか、起訴状はそのことについてはひとことも触れていない。おそらく、それより前にさかのぼるならば、そこには西欧帝国主義の醜い植民地政策、侵略政策の実相が露呈され、弁明のしようもない彼らの不利な証拠が暴露されるからであろう。

十八世紀から始まった近代の歴史は、すべて西欧帝国主義の東亜侵略の歴史である。そのあくどさ、その狡猾《こうかつ》さ、その残虐非道ぶりこそは、人道と正義の名において、裁かれねばならぬものであるが、彼らはこれに対して、触れることを極度に恐れた。おのれの罪過は一切棚にあげて、臭《くさ》いものには蓋《ふた》をし、敗戦国のみを責めようというのである。

ウエッブ裁判長はあからさまに「本法廷は日本の指導者を裁く法廷であって、連合国が犯した非道は、われわれの権限の外である」と宣言し、そのような証拠も証言も一切却下した。キリストは「汝《なんじ》らのうちやましからざる者あれば、石をもてこれを打て」といった。キリスト教徒である彼らは、他を責めるに急なあまり、みずからを顧みようとはしなかった。彼らは聖書に背き、天に向かって唾《つば》したものといえよう。

満洲事変に対する、もっとも国際的権威ある証拠は何かといえば、それはリットン調査団（国際連盟日華紛争調査委員会）の報告書であるということができよう。同委員会は満洲事変直後、国際連盟の決議にもとづいて編成され、一行が親しく現地を視察し、日中両国政府のいい分と、厖大なる証拠や証言を基礎にしてつくりあげたものである。パール博士はこれを重視して、判決文の中にその内容を詳細に掲載している。なぜならば、満洲事変がなぜ起きたか、その責任者は誰か、その背景をなしたものは何か、非違はいずれにあったか、そうした問題を、リットン卿を長とする公正なる第三者の目によってとらえ、究明された国際的な文献であるからだ。

たとえば、リットン報告書は、満洲事変の歴史的背景を述べて、ロシアの満洲に対する野望と、その侵略事実をつぎのように列挙している。

（一）ロシアは中国の犠牲において、まず条約上の特別な権利を獲得した。

（二）一八九四年ないし九五年の日清戦争は、その後の事件が立証したように、ロシア自身の利益のために、干渉する機会を与えた。

（三）中国は一八九五年、下関条約によって南満洲の遼東《りょうとう》半島を日本に割譲した。しかるに日本は、露・独・仏三国の外交上の圧迫によって、やむを得ずこの半島を中国に還付するにいたった。ロシアは一八九八年、日本が放棄を余儀なくされたこの半島に二十五カ年の租借権を獲得した。

（四）ロシアは一八九六年、鉄道敷設《ふせつ》ならびにこれの経営権を獲得した。

（五）ロシアは一九〇〇年、義和団事件がロシア国民を危険に陥《おとしい》れたという理由で、満洲を占領した。

（六）他の列強はこれに反対して、ロシア軍隊の撤退を要求した。しかるにロシアはこれを遷延《せんえん》した。

（七）ロシアは一九〇一年、露清《ろしん》秘密条約[注1]を締結しようと努力していた。その条項によれば、満洲、蒙古、新疆《しんきょう》内の鉱山またはその他の利権を他国またはその国民に譲渡せず、かつ特別守備隊の維持を含む特別な権限をロシアに与えることになっていた。

このロシアの態度に対して、日本はどのように対処したか。

（一）日本はロシアの右のような策動をとくに注意した。
（二）日本は一九〇二年、日英同盟条約を締結した。
（三）日本は中国の門戸開放政策の維持ならびに領土の保全を主張してロシアと交渉を開始した。
（四）日本はその交渉においてなんら成功しなかったので、一九〇四年二月戦争に訴えた。中国は中立を守った。
（五）ロシアは敗北した。一九〇五年九月ポーツマス条約が締結され、それによってロシアは日本のために南満洲における特殊権利を放棄した。
（六）一九〇五年の北京での条約（満洲善後条約）によって、中国は関東州租借地ならびにロシア管理の東支鉄道南部線中、長春以南の鉄道を日本に譲渡することに対して承認を与えた。
（七）一九〇六年、日本によって南満洲鉄道会社が設立された。
（八）日本は前述のようにして獲得した特権を、南満洲の経済開発に利用した。

日露戦争後の日本とロシアと中国の関係について、リットン報告書はつぎのごとく述べている。

（一）日露戦争終了の直後、両国間に密接なる協調政策がとられた。
（二）ロシアおよび日本は、それぞれ北満洲および南満洲にその勢力圏を限定した。
（三）一九一七年のロシア革命は、満洲における日露両国間の理解および協調の基礎を粉砕した。
（四）ロシア革命は北満洲における中国の主権を主張する好機を与えた。中国は満洲の政治および開発に関して、従来より以上の実際的参加をするようになった。
（五）一九一九年と二〇年に行なったソ連政府の宣言は、北満洲におけるソ連の特権の完全なる放棄を暗示した。
（六）その結果として、一九二四年ソ連・中国間の協定が成立した。
（七）中国は満洲にあるソ連の勢力をことごとく清算しようとする最後の努力をした。
（八）この結果、ソ連軍隊は、満洲国境を越えて、しばしば襲撃を行ないつつ、ついに一九二九年十一月、武力侵入にまで発展した。

このような満洲をめぐる日本とロシアとの歴史的関係の中に、孫文の革命が成功する。一九一九年には、中国国民党が結成され、二七年には中央政府が南京に樹立されたが、張作霖は満洲の独立を宣言し、袁世凱《えんせいがい》は北京政府を主張した。中国は三つの政府に分かれ、匪賊《ひぞく》が跳梁《ちょうりょう》し、群雄が跋扈《ばっこ》した。この間に共産主義運動が伸びていった。リットン報告書はつぎのように記述している。

① 中国における共産主義運動は、一九二一年以来、相当な勢力を得た。共産主義に対して寛大であった容共時代が過ぎて、一九二七年に国民党と共産党は完全に分裂した。

② 内乱の再発は、一九二八年ないし三一年の間に、共産党の勢力伸長に幸いした。紅軍が組織され、江西および福建両省間の広大なる地域がソビエト化された。

③ 中国における共産主義は、国民政府の事実上の競争相手となった。それはみずからの法律、軍隊および政府を持ち、かつそれみずからの行動地域を持っている。かような

事態は他のどのような国にもその類例を見ない。

④　共産軍との武力闘争は今日でも続けられている。

このような共産勢力の伸長と、国内治安の紊乱《びんらん》というよりもほとんど無政府状態、法律の秩序をもたない、無法無秩序の状態が続いた。ことに満洲は匪賊の巣窟《そうくつ》で、「その鎮圧は長期にわたって閑却《かんきゃく》され、はなはだしきは兵士が匪賊と内応していた」。そこへ排日運動がもの凄《すご》い勢いで、燎原《りょうげん》の火のように燃え広がった。

さらに、つぎのような事態が生じたことを、リットン報告書は報告している（判決文に掲出された三十一項目から抜粋）。

十三、（a）国民党は、あらゆる外部的勢力に対する嫌悪という、追加的な異常な色彩を、中国の国民主義思想に注入するにいたった。

十五、（b）ワシントン条約は、中国の困難を解決するため、中国をして国際協調の線に沿って発足させるという意図のもとにできたのである。中国はその行なっていた排外宣伝の惨毒に禍《わざわ》いされて、その希望し、かつ期待された進歩をとげることはできなかった。

経済的ボイコットの利用と、学生に対する排外宣伝の注入は、やがて中国に居住する外国人の生命・財産を脅かすにいたり、「この中国の態度は列強を驚愕《きょうがく》させた」のである。そのもっとも大きな被害者は日本であった。

十九、日本は中国のもっとも近い隣国であって、かつ最大の取引先である以上は、日本は交通機関の不備にもとづく無秩序な状態、内乱の危険、匪賊および共産主義の脅威などのために、他のいずれの強国よりもいっそうひどく悩まされたのである。日本は他のいずれの国よりも、国民を中国にもっている現状において、中国の法律、司法制度ならびに税制に服従させられたならば、それらの国民は、はなはだしく苦しむことになる。

二十、（b）（一）中国にある日本国民の生命および財産を保護しようとする熱望は、日本をして内乱または地方的騒乱の際、しばしばこれに干渉させる結果になった。
（二）右のような行動は中国を極度に憤激させた。
日中両国の悪循環は、しだいに頂点に達していった。そして、ついに中村大尉事件[注2]が起き、万宝山《まんぽうざん》事件[注3]が起きて、満洲事変へと発展していったのである。

これが満洲事変の歴史的社会的背景である。ところが東京裁判においては、この報告書を全く無視し、このような歴史的社会的な経緯を否定して、満洲事変は一部日本の指導者の共同謀議によってなされたものであると決めつけたのである。まことに児戯に類する、笑うべきデッチあげである。

さらにリットン報告書は、満洲事変の経済的背景、心理的背景として、つぎの点を指摘している。
二十二、（a）広大かつ肥沃《ひよく》な地方である満洲は、わずかに四十年前までほとんど開発されず、また現在においてさえ人口稀薄《きはく》である。

（b）（一）満洲は中国ならびに日本の過剰人口問題解決に漸次重大な役割を演ずるにいたった。

（二）日本の過剰人口問題はきわめて容易ならぬものである。「可耕地一平方哩《マイル》あたりの日本の人口を他の諸国の人口に比較すると、日本の割合は非常に高い。これは島国という特殊の地理的構成に帰因する」

「農作地に人口が高度に集中しているため、各人の保有地面積はすこぶる狭小であって、農夫の三十五％は一エーカー未満、三十四％は二・五エーカー未満を耕作している。耕地の拡張はその限度に達し、また農法の集約もその限度に達している。これを約言すると、日本の土地からは現在より以上の生産を期待することはできない。また就職の機会を今日以上に多く供給することもできない」

（c）日本の活動がなければ、満洲は多くの人口を誘致し、またこれを吸収することはできなかったであろう。

（d）最初、満洲における衝突は日露間に起こった。その後これは、中国とその強力なる両隣接国との間の問題となった。

（e）最初、満洲が各種政策の衝突地域となったのは、その戦略的地位が唯一の理由であった。だが、その後日本人によって満洲の農業、鉱業および林産資源が開発されると、満洲は満洲自体のために垂涎《すいぜん》されるにいたった。

二十九、（a）満洲における日本の権益は、その性質および過程において、全く諸外国のそれとは異なっていることを認めねばならぬ。

（b）（一）一九〇四〜〇五年、満洲の野において戦われたロシアに対する日本の大戦争の記憶は、すべての日本人の脳裡《のうり》に深く刻み込まれている。

（二）この戦争は、ロシアの侵略の脅威に対して、自衛のために日本は生死を賭《と》して戦ったものである。

（三）満洲における日本の権益は、その源を右の戦争よりも十年前に発している。

（四）一八九四〜九五年の清国との戦争は、下関において署名された講和条約をもって終わりを告げ、中国はその条約で、遼東半島の主権を日本に割譲したのである。

（五）日本人にとっては、ロシア、フランス、ドイツが右の割譲地の放棄を強制した事実（三国干渉）は、日本が戦勝の結果として、満洲の右の部分を獲得し、これによって、日本の同地方に対する一個の道義的権利を得、その権利はいまもなお存続するものであるという確信に、なんら影響を及ぼすものではない。

（六）満洲はしばしば、日本の「生命線」であると称されている。満洲における日本の利益の中で、根本的なものは、日本の自衛と国家的生存にとって、同地方の有する戦略的重要性である。

驚くべきことに、東京裁判はこのような事実を直下に否定し去って、満洲事変の勃発《ぼっぱつ》を「共同謀議」の四字に集約しようとしたのである。

注1　露清密約ともいう。一八九六年に第一次［一二四ページ（四）］、一九〇〇年に第二次［同（五）］の密約を締結。（七）は、第三次露清密約を企図したものだが、清朝の李鴻章が死去したため実現しなかった。
注2　一九三一年六月、中国東北部の興安嶺一帯を、モンゴル人に変装して調査旅行をしていた参謀本部・中村震太郎大尉と井杉延太郎予備軍曹長が、中国軍に殺された事件。
注3　中国東北部・長春の郊外の万宝山で、一九三一年七月、そこに移住しようとした朝鮮人農民を中国人農民が襲撃した事件。

防共協定は侵略か

この共同謀議の槍玉《やりだま》の一つに日独防共協定があげられている。すなわち検察側は、日本とドイツが防共協定を結んだことは「ソ連邦に対する侵略の陰謀」だったというのである。ソ連のゴルンスキー検事の論告によると、日本は一九〇四〜〇五年の日露戦争から始まって、一九三六年十一月の日独防共協定にいたるまで、終始一貫、ロシアに対して侵略戦争を遂行したことになっている。とんでもないいいがかりである。

日露戦争が、帝政ロシアの東亜侵略に対する自衛戦であったことは、前述のリットン調査団の報告書に照らすまでもなく、一点の疑う余地もないところである。帝政ロシアの執《しっ》拗《よう》なる侵略野望を防ぐために、だからこそイギリスは、進んで日本と「日英同盟」を結び、アメリカもポーツマス条約において、日本の正当性を認め、その線に沿って講和の労をとったのである。

ロシアは一九一七年に革命が成功し、ボルシェヴィキの政府が、帝政に取って代わった。それ以後、世界共産革命を立国のテーゼとし、世界各国に対して、その内部に共産党の組織を植え付け、その組織を培養し、指導して、内部革命をはかってきたことは、これまた、まぎれもない事実である。これがため、世界各国は深刻な脅威を感じ、国政に責任を負う指導者たちは、ひとかたならず防共政策に腐心している。現になお、共産党を非合法政党として、法をもって禁じている民主国家は、相当数にのぼっている。

第二次大戦後、東ヨーロッパ諸国は、ソ連の武力制圧のもとに、つぎつぎと共産革命が起こり、いずれもソ連の衛星国家となった。アジアにおいては、中国、北朝鮮、北ベトナムが共産国となった。しかもソ連と衛星国との関係は、自由な民主的関係ではなくて、完全に自主権を奪われた、奴隷的・服従的関係である。一九五六年のハンガリー革命や、東ドイツ人民の相次ぐ脱走事件に徴するまでもなく、衛星国の人民は、自由を剝脱《はくだつ》され、自主的な行動はとれず、その国の政治も外交も軍事も、鉄のタガがはめられている。このようなソ連の政策は、マルクス・レーニンの世界革命主義の一環をなすもので、これは明らかに、一種の広範なる侵略戦争である。自由世界の指導者たちが、このソ連の赤化政策を恐れるのは当然のことといえよう。

当時日本は、内には共産主義がはびこり、隣国の中国には、共産党の勢力が日を追って盛んになり、紅軍が編成され、共産地区は拡大され、これが排日・侮日運動の中核をなしていた。つまり、当時の日本は、内と外との二面から、共産主義の脅威にさらされていたのである。この脅威からいかにのがれるかということが、為政者の悩みの種であったことは当然である。

パール博士も「共産主義に脅威を感じていたのは、日本の軍国主義者のみではなかった」と前置きして、つぎのごとく述べている。

「われわれはアメリカでさえその恐怖からのがれることができず、そのために一九三三年十一月十七日まで、ソ連に承認を与えなかった事実を知っている。一九一九年ウィルソン大統領は、『わが国の諸制度に反対し、これに対して結束して謀略をめぐらす政府、または危険な反乱の煽動者《せんどうしゃ》となるような外交官をもって代表されている政府を承認したり、これと外交関係を結んだり、あるいはその代表者に友好的な待遇を与えることはできない』と宣言し、また、ヒューズ国務長官も、ソ連をもってアメリカの諸制度を転覆させようとする継続的宣伝を行なう国であると決めつけ、これを非難する公式の声明を発している。また彼は、一九二三年につぎのように述べている。『もっとも重大なことは、モスクワにおいて支配権を握っている人びとは、世界中のいたるところで、できるなら現存の諸政府を破壊しようとする彼らの最初の目的を放棄していないという決定的な証拠がある』といって、防共政策の急務を訴えているではないか」

つまり、アメリカ合衆国自身でさえ、共産主義の脅威に対して、躍起となって宣伝し、その対策に腐心していた当時、日本とドイツが、防共のために協定を結んだことが、どうして悪いのか。それがどうして〝侵略行為〟だといえるのであるか。

ことに一九三〇年代において、共産主義が中国に対して甚大なる脅威を与えていたことはまぎれもない事実である。満洲事変の真相調査のために派遣された前述のリットン調査団の報告書の中にも「共産主義は中国の中央政府に対する脅威である」とし、「すでに中国共産党がソ連と結んで、国民政府に取って代わるかもしれないという可能性は、あらゆる事象とデータによって証明することができる」と述べている（結局、この報告書の予言は的中したわけである）。

このような事態の中にあって、もっとも密接な関係にある隣邦の日本が、多くの既得権益と多数の在留邦人を擁する日本が、このような事態を憂慮するのは、当然すぎるほど当然といわねばならぬ。これについてパール博士はつぎのように述べている。

「ともあれ、全世界は、共産主義およびその勢力の発展に対する恐怖に脅かされていた。日本もまた、たんにその感を共にしたにすぎない。今日でさえも、世界はこの実際上、あるいは想像上の恐怖心からのがれることができないでいる。全世界は、共産主義および共産国家によってもたらされるおそれのある侵略に対し、過去においても準備をなしつつあったし、なお現在においてもその準備をしているのである。本官はとくに選び出して、日本の準備だけが、侵略的なものであった、といわなければならない理由を見出すことはできない」

「また、共同謀議の理由として、共産党員に対する抑圧手段に関するいくつかの証拠が提出されている。これもまた、現在われわれのために、何も示さないのである。これは各国家の間に共通である恐怖感の結果であった、といえよう。今日においてさえ、ほとんどあらゆる国は、自国の共産党員が国内暴動をもって政府を倒壊させるのではないかという危惧を抱いている。またすべての国家は、その世論が影響され、それによって、その伝統的生活様式が覆されることを懸念している。責任ある地位に立つ者の多数は、激烈なる革命の明白かつ目前に迫った危険はないけれども、士気道徳の悪化の脅威は眼前にあると信じている。このような信念は、正当化し得る場合もあれば、正当化し得ない場合もあるが、ほとんどすべての場合は、なし得ないのである。しかしながら、その国の機構運営にあたる人物が、かような信念を有し、それにもとづいて行動したとすれば、その事実に対して、本官は、これら為政者がかような危惧の念を抱いておったという事実以上の推論を、われわれがどのようにしてなし得るかということの了解に苦しむものである」

日独防共協定が、ソ連に対する侵略の陰謀であるとするなら、戦後アメリカを筆頭に、西欧諸国が防共のために結束したＮＡＴＯ（北大西洋条約機構）や、ＳＥＡＴＯ[注1]（東南アジア条約機構）などの防共軍事同盟は、すべて侵略の陰謀であり、これに参加し、これを企画した政治家や軍人は、すべて共同謀議者ということになる。日独の防共協定を侵略だと決めつけた米・英・仏・蘭などがその舌の根も乾かないうちに、防共軍事同盟を結び、その強化に躍起となっているという事実は、歴史の皮肉であり、大きな矛盾といわなければならない。

日本はソ連に対して侵略を行なったどころか、終始一貫して、ソ連と事を構えることを避けてきた。ノモンハン事件や張鼓峰《ちょうこほう》事件の屈辱もこれを忍び、事件は局地的、最小限にとどめた。むしろソ連に対しては臆病にすぎたとさえ批判されている。もし日本に、ソ連に対する侵略的野望があったとするならば、ヒトラーのナチ軍が、モスクワを包囲し、ソ連軍がウクライナで死闘を続けていた、あの絶好のチャンスを見逃すはずはなかったであろう。日本はあえてこれを見送ったのである。このことをパール博士は、短い文章で的確に表現している。

「日本は、ロシアが欧州戦争に巻き込まれていた好機を利用しなかった。もし行為が意思を示すものであるならば、これこそソ連に対する陰謀または共同謀議の存在とは、全く反対の確証である」

「日本が時に応じてどんなことをいったにしても、また、日本の準備がどんなものであったにしても、証拠は、日本がソ連と衝突することを避けようと念じていたことを十分に示している。日本はつねに、かような衝突を恐れていたようである。ドイツの激しい要請さえも、日本に対して行動を起こさせることはできなかった」

同盟国であるドイツが、対ソ戦をしきりにそそのかし、要請したにもかかわらず、また、モスクワやレニングラード（現サンクトペテルブルク）が陥落寸前の運命に陥り、背後からのひと刺しは、ほとんど、ソ連にとって致命的であったにもかかわらず、日本の百万の関東軍は動かなかった。

しかるに、それとは逆に、ソ連は日本の戦力が完全についえ、国内が原子爆弾の洗礼で動転しているとき、しかも日本国政府が最後の頼みとして、ソ連を通じて和平交渉を依頼しているとき、突如、なだれを打って満洲に侵略してきた。日ソ中立条約は、スクラップペーパーとして破棄された。終戦一週間前のことである。国際条約の違反は、ソ連にこそあって、日本にはなかったのである。その日本が、ソ連の検事や判事に裁かれ、これを無条件で支持したのが米英であり、連合国の判事・検事であったというこの事実は、まさに笑えぬ喜劇である。

ソ連の満洲侵入は、言語に絶するものであった。掠奪、強姦、暴行の数々は、世界の戦史の上にも特記されるべきものであろう。婦女子は暴行を受け、戦争にはなんら関係のない移民までが、俘虜《ふりょ》の名で、何万、何十万とシベリアの牢獄《ろうごく》に送りこまれ、強制労働に服せられた。国際法上の戦争法規の違反は、公然と行なわれたのである。俘虜・戦犯という名の奴隷生活は、何年も続けられた。奇妙なことに、東京裁判はこれについては一言も触れることを許されなかった。

ソ連に、日ソ中立条約の破棄をそそのかしたのは、アメリカとイギリスである。三国の背信行為によって日本は敗れたのである。その敗れた日本を、米英は侵略者ソ連と一緒になって、日本の防共政策は侵略の陰謀であったなどと、いかめしく、大まじめで宣伝し〝国際裁判所〟を設け、国際法の名において裁いたのである。これほどの国際法の冒瀆《ぼうとく》が、いったいどこにあろうか。パール博士が「最大の被害者は、法の真理である」と慨嘆したのも当然であろう。彼らの念頭には、国際法規の真理をいかにして守るか、などという正義感は露《つゆ》ほどもなかったのである。子供でもわかるような違法と矛盾にことさら耳をふさいで、強盗が裁判官に居直ったのである。

アメリカとイギリスは、日本とドイツという二つの防共的防波堤を壊したばかりでなく、条約違反を承知で、あえてこれを一方的に破棄せしめ、ソ連に参戦を要請したのである。米英はみずから求めて、ソ連にアジア進出の道を開いた。しかも、その引出物が千島であり樺太《からふと》であった。米・英・ソのヤルタにおけるヤミ取引（むしろこれこそ共同謀議である）は完全に成立し、ソ連は満洲および北部朝鮮に勢力を伸ばした。その結果が、現に見るとおり、共産主義の中国大陸の制覇となり、朝鮮半島は南北に両断され、朝鮮戦争の原因をつくった。アメリカはここで何万という自国の青年を殺し、巨額な軍事費を投入することになる。朝鮮戦争は三年間続く。北ベトナムは赤化され、南ベトナム、ラオス、カンボジアまで赤化した。アメリカはこの南下勢力を防ぐために、おびただしい人員と資材を投入したのだ。それというのも、思えば、引出物まで与えて、ソ連の条約違反と参戦を誘った米英みずからの責任である。この失敗の反省もなく、また、数年後には起こるであろうところの、国際情勢に対する判断もなく、いい気持ちになり、ソ連と一緒になって、日本を裁いた国際軍事裁判なるものは、思えばまさに白痴的行為というよりほかなかろう。

注1　オーストラリア、フランス、イギリス、ニュージーランド、パキスタン、フィリピン、タイ、アメリカの八カ国によって一九五四年に組織された軍事同盟。一九七七年に解散した。

中立義務は果たされたか

太平洋戦争は日本が起こした戦争である。開戦の責任は日本にある。いまでも日本人の多くはそう信じ込んでいる。たしかにこの戦争は、「真珠湾攻撃」によって火ぶたが切られた。だが、最初の戦端を日本が真珠湾に開いたからといって、開戦の責任がすべて日本にあるといえるであろうか。戦端を開くには、戦端を開くだけの十分なる理由が存在することは当然である。その理由のすべてが日本側にのみ帰せられ、一貫した侵略戦争の企画・立案・実施の共同謀議の結果であるとなすがごときは、牽強付会《けんきょうふかい》もはなはだしいものである。むしろ、日本がこのような行為を余儀なくされたその原因を探求し、原因に対する責任の所在を明らかにすることが、東京裁判の果たすべき任務であったはずである。東京裁判はこのことを不問に付してしまった。

〝中立義務〟というのは、国際法にも明記されている非常に重要な条項である。

支那事変（一九三七年〜）が起こって以降、アメリカやイギリスは、日本に対してどのような態度をとったか。彼らは交戦国である日中両国に対して、中立国としての義務を守るべき立場にある。果たして米・英両国は、中立維持の義務を守ったであろうか。この問題に関して、パール博士はつぎの三点について探求する必要があると述べている。

一、支那事変以後において、これらの諸国は中立維持の義務を負っていたものであるか。
二、交戦中の日本の行動に関する敵意ある批判をも含むこれらの諸国の態度は、果たして中立国の権利内であって、かつ中立国の義務と矛盾しないものであったか。
三、もし中立国の義務と矛盾するものであったとすれば、かような国家に対する日本の行動は、かような国家の態度から見て正当化され得るものであったか。

米英が蔣介石《しょうかいせき》政権に対して、経済的・軍事的に、あらゆる援助を積極的に行なっていたことは、まぎれもない事実である。検察側もこの事実をはっきり認めて「アメリカ合衆国が中国に対して、経済的にも、また、軍事資材の形においても、非交戦国としてはかつて見られなかった規模において援助し、かつアメリカ市民[注1]の若干の者は、日本の侵略に対して、中国人とともに戦闘に参加した」と述べている。これは英国としても同様であった。

記録によれば、米英の軍事顧問団だけでも数百名にのぼり、戦闘に参加した米英人は二千名を超えている。

日本海軍は、米英の援蔣ルートを抑えるため、中国大陸の沿岸を封鎖した。それでも香港や廈門《アモイ》を通じ、あるいはインドシナを通じて、おびただしい兵器弾薬が白昼公然と送り込まれた。蔣政権は南京から武漢にのがれた。そのとき例のパネー号事件なるものが起こるのであるが、この米艦パネー号には、敗走する中国の将兵と武器が満載されていた。蔣政権は武漢を追われて、さらに重慶の山奥に遁入《とんにゅう》する。すると英国は、ビルマから四川にいたる道路を開削《かいさく》して、援蔣ルートを開いた。このパイプを通じて、おびただしい軍事資材が送り込まれた。パイプはもう一本あった。それは仏印（フランス領インドシナ、現在のベトナム・カンボジア・ラオス）のハノイを拠点とする雲南ルートである。この二本のパイプのため、蔣政権とその軍隊は、抗日戦争を続けることができた。蔣政権を屈服させるためには、この背後の援蔣ルートを抑えねばならぬ。日本の外務省は、いくたびかこれら関係国に対して抗議し、中立国としての義務を遵守《じゅんしゅ》するように訴えた。だが、中立義務は果たされるどころか、援蔣規模はますます拡大し、アメリカの航空機のごときは、援蔣物資を重慶に空輸し始めた。明らかに日本への挑戦である。日本の世論は大いに激昂《げっこう》し、援蔣行為をもって、敵性行為と見なし、米英を敵性国家として非難したのである。そして、結局、重慶を支援している背後の力を討たざるかぎり、蔣介石を屈服せしめることはできない、という世論が次第に支配的になり始めたのである。

パール博士は、この点についてつぎのごとく述べている。

「国際法の基本原則によれば、もし一国が、武力紛争の一方の当事国に対して、武器、軍需品の積み出しを禁止し、他の当事国に対して、その積み出しを許容するとすれば、その国は必然的に、この紛争に軍事干渉をすることになるものであり、宣戦の有無にかかわらず、戦争の当事国となるのである」

すなわち、「国際法」の基本原則に照らして、米・英両国は明らかに、宣戦の有無にかかわらず、日本に対して戦争の当事国となっていたのである。いうならば、宣戦なき戦争を日本に対して仕向けていたのである。しかもこのことは、日本政府が再三にわたり注意を喚起したところであり、彼らはこの勧告をあえて退けて、敵対行為を続行していたのである。博士はつぎのごとく述べている。

「日中間の敵対行為が戦争の性格をもっていたことはもとよりのことである。しかし、右は敵対当事国自体において戦争であると宣言されたことがかつてなく、また少なくとも米国においては、みずからの行為によってこれを戦争と認めないことに決したという点に困難がある。一般に認められているように、米国は中国に対してできるかぎりの援助を与えたのであり、そしてそのような援助は、前者の中立的性格と矛盾するものであった。かりにこの敵対行為が米国にとって戦争と認められていたとするならば、国際法においては、米国はすでにみずからの行為によって、右の交戦状態に介入していたことになり、真珠湾攻撃に関する問題は全く意味を失うことになる。この場合には、米国はみずからの行為によって、真珠湾攻撃のはるか以前から交戦国となっていたのであり、したがって、日本が中国に対して行なっていた戦争の性質がどのようなものであったにせよ、米国が中国の側に立ってこれに参加することを決定した瞬間から、日本は米国に対して、いつでも、どのような敵対措置をもとり得ることになったのである」

つまり、博士によれば「アメリカはみずからの行為によって、真珠湾のはるか以前から交戦国となっていた」のである。

たしかに博士のいうとおり、国際法の基本原則からいって、長期にわたる米英の露骨なる援蔣行為は、明らかに〝中立義務の違反〟であり、みずから求めて、交戦国として、日本の前に立ちはだかっていたのである。国際法に準拠して開かれたはずの東京裁判において、いささかもこの問題が論議の対象にならなかったということは、まことに片落ちのはなはだしきものといわざるを得ない。

注1　一九四五年十二月、真珠湾攻撃の真相を調べる上下両院合同調査委員会で、参謀総長マーシャル大将は共和党H・ファーガソン上院議員につぎのことを認めた。「アメリカ軍人は、日米開戦の前、すでにフライング・タイガー社の社員に偽装して中国に行き、戦闘行動に従事していた」（ジョン・トーランド著・徳岡孝夫訳『真珠湾攻撃』）なお、一九九一年、米国防総省は、右民間義勇軍二百五十九名を正規兵であったことを認めた。（九一年七月八日読売新聞夕刊）

ABCD経済包囲陣

太平洋戦争はなぜ起きたか。その原因を探求するにあたって、経済問題を度外視することは許されない。マルクスは戦争の原因はすべて資本主義経済における諸矛盾の中に胚胎《はいたい》すると説いた。マルクスの戦争不可避論の当否は別としても、伸びんとする日本資本主義と、これを抑圧せんとするアメリカ資本主義との激しい相剋《そうこく》が、太平洋戦争を導いた主要原因であったと判断することは、それほど大きな間違いではなかろう。

アメリカは一九三八年七月（太平洋戦争開始三年半前）から、日本に対して経済的な抑圧策をとり始めた。そして、その翌年の三九年七月二十六日に、対日通商条約を一方的に破棄し、日本に苛酷《かこく》な経済的重圧を加えてきた。対日禁輸がすなわちこれである。パール博士はいう。「禁輸が有効になったときの品目表ならびにその日付を一瞥《いちべつ》しただけでも、この措置が、民間人の生活にも、どれほどまでの影響を及ぼしたかが明らかになるであろう。疑いもなく、これらの品目の多くは、日本の民間人の生活にとって、絶対に必要であった」のである。

日本は昔から資源に乏しく、人口過多に悩み、海外への依存度はきわめて高い。これは今日においても少しも変わっていない。すなわち、資源のほとんどを海外から輸入し、これを加工輸出することによって、経済のバランスを保っている国である。アメリカは日本のこの最大の弱点を衝《つ》いて、まずその糧道を断ち、日本の困窮を企図したのである。一九四〇年六月、ハル長官は公の席上でつぎのような演説を行なっている。

「合衆国は過去一年間、日本に対して経済的圧迫を加えてきた。その効果は表れてきた。合衆国艦隊を太平洋に配備し、そして日米問題を安定させるために、実際の軍事的敵対行為の非常な危険を冒さない範囲で、できるだけ、あらゆる措置を講じている。この方策は、将来における合衆国の意図をもっともよく表している」

　つまりアメリカは、戦争の瀬戸際まで、日本経済を追いつめていくことにより、日本の屈服を期待しようとしたのである。一九四〇年七月二日、同七月二十六日、同九月十二日、同九月二十五日、同九月三十日、同十月十五日、同十二月十日、同十二月二十日、および一九四一年一月十日と、相次いでそれぞれ輸出禁止を行ない、鉄環をもって日本ののど元を絞めていったのである。底の浅い日本経済はたちまちその影響を受け、日本の軍需産業はもとより、民間人の生活にまで、その窮乏は及んだのである。ハル長官のいうごとく「その効果は表れてきた」のである。

　このアメリカの経済圧迫に困り抜いた日本は、活路を開くべく、ことに石油に関し、新規の交渉を開始するために、小林一三《いちぞう》商工大臣を蘭印（オランダ領東インド、現在のインドネシア）に派遣した。蘭印において協議が開始されたのは、小林がバタビア（現ジャカルタ）に到着した一九四〇年九月十二日である。

蘭印との交渉は翌年の六月十七日まで続けられた。もとより、オランダは米英の味方であった。彼ら一流の巧妙なる外交術策によって、言を左右にし、背信、違約、遷延《せんえん》を繰り返し、結局、ひょうたんなまずで、この九カ月にわたる交渉はなんら得るところなく、もの別れとなってしまった。要するに、日本は時間を稼がれただけであった。

この間に、アメリカおよびイギリスは、対日禁輸令を相次いで発し、経済圧迫は一段と強化するにいたった。米・英・中・蘭の共同戦線による、いわゆるA・B・C・D対日包囲陣は、ついに日本経済を窒息状態に陥れてしまったのである。

経済封鎖なるものが、いかに重大な政治的性格をもつものであるかを知るために、東京裁判のローガン弁護士の弁論を引用しよう。

「一国から、その生存に必要な物資を剝奪《はくだつ》することは、たしかに爆薬や武力を用い、強硬手段に訴えて人命を奪うのと変わることのない戦争行為であります。と申しますのは、それは緩慢な行動をもって、相手国の抵抗力を減じ、結局は在来の敵対行為として用いられた方法と同様、確実にこれを敗北せしめることになるからであります。そしてこの方法は、緩慢なる餓死という手段で、おもむろに全国民の士気と福祉を減殺することを目的とするものでありますから、物理的な力によって、人命を爆破し去る方法よりも、いっそう激烈な性質のものであるということができます」

アメリカの対日経済圧迫はさらに強化された。一九三八年七月に航空機関係の禁輸を行なったのを皮切りに、翌年七月には日米通商条約を破棄し、四〇年にはいると一切の軍事資材はもちろん、生活物資までが禁輸された。そして、四一年七月二十六日（戦争の当年）日本との一切の取引を政府の統制下に置き、ついに日本人の在米資産までも凍結してしまったのである。

これに対してパール博士は「かような対日経済制裁こそ、日本をして、のちに事実採用するにいたったような措置に出ることを余儀なくさせるであろうとは、当時の米国の政治家、政治学者ならびに陸海軍当局のすべてが意見を等しくしていたところであった。それでは、かような措置の中に、そもそも検察側が主張しているような種類の企図ないし共同謀議を読み取るべきであるという理由がどこに存するのか、本官には見出せない」と述べている。さらに博士は語気鋭く断ずる。

「これは経済戦の宣戦布告であり、たしかに中立行動ではなかった。これと同時に、オーストラリア、オランダ、イギリスによってとられた経済的・軍事的措置と相まって、これは日本人が名づけたように、まさに〝対日包囲〟であった」

検察側は、対日経済封鎖に対して「たんに軍事的補給品の減少のみを目的としたもの」といいのがれているが、弁護人側はこれに反駁《はんばく》し、封鎖はあらゆる種類の民需品に及び、通商、さらには食糧にさえ影響を与えたとして、数字的にこれを例証し、多くの動かしがたい記録や証拠を提出した。嶋田被告（開戦当時の海軍大臣）もその打撃についてつぎのように述べている。

「（一九四一年）十一月十五日の御前会議において、外交手段により、平和的解決に対する最善の努力を着実に継続すると同時に、他方、戦争に対する準備にも着手することが決定された。当時における日本の苦境を思えば、これは矛盾した考え方ではなかった。連合国の行なった対日経済包囲の効果は、実に想像以上に深刻であった」

清瀬弁護人も「これは圧倒的に優勢な軍艦をもって商船の出入りを禁じたような時代遅れの包囲陣以上のものであった。これは経済的に有力、かつはなはだしく優勢な国家群が、その存立ならびに経済的条件において、海外の通商関係に依存しており、明らかに経済的に独立しない島国日本に対してとった挑戦である」と述べている。

いずれにせよ、パール博士のいうとおり、戦争の五年も前から対日経済の圧迫を続けてきたアメリカにこそ共同謀議の実証はあるにしても、その被害のもとに次第に追いつめられていった日本の為政者の間に、どうして共同謀議の事実を見出そうとするのであろうか。

開戦を決定的にした石油禁輸

ことに、石油の禁輸は、日本にとって全くの致命傷であった。

日本の石油生産量は、需要の五パーセントに満たない（現在では一パーセント未満）。嶋田被告の陳述によれば、当時日本の石油貯蔵量は、日本海軍の通常消費で二年、戦時消費で半年分しかなかったのである。近代戦における石油の一滴は、血の一滴に等しいといわれた。開戦論の陸軍と対立し、慎重を期していた海軍が、最後の決意を固めるにいたったのは、石油禁輸が決定的となり、日蘭石油交渉が完全に望みを断ったその瞬間からだといわれている。

この間の事情を、嶋田被告はつぎのように陳述している。

「私は自己の職責を遂行しなければならぬ問題に直面していた。統帥部の立場は、簡明直截《ちょくせつ》なものであった。すなわち海軍の手持ち石油量は二カ年分で、それ以上の入手の見込みは断たれてしまった。このままの状態で推移せんか、石油補給力の漸減《ぜんげん》のため、日本海軍はたとえ政府の要請を受けるとも、開戦を賭《と》することは不可能に陥ることは明らかである」

これは当然の心境であろう。もしも日本が石油を得られないままに、半年か一年たてば、世界に誇っていた日本の海軍も、戦車も自動車も動かなくなってしまう。坐《ざ》して英米に屈するか、起《た》ってこの危局を脱するか！　これが当時の海軍統帥部の追いつめられた気持ちであったに違いない。否、そのことは誰よりもアメリカ自身が承知していたのである。一九四一年七月二十一日、ルーズベルト大統領は日本の駐米大使に向かって、「米国がこれまで日本に対して石油の輸出を許可していたのは、そうしなければ日本政府は蘭印にまで手を延ばすと思われたからである」と、語っているのである。すなわち、石油を止めたが最後、日本は蘭印に武力進出をすることは必定と見ていたのである。さらに同大統領はラジオ放送でつぎのように述べている。

「アメリカが日本に対し石油の輸出を禁止しないのは、米国自身の利益、および英国の防衛、さらにまた海上の自由をおもんぱかり、南太平洋水域における戦争の勃発を避けるためである。すなわち、日本を挑発しないためである」

石油を禁止したとたんに、戦争になるであろうということは、アメリカの政治家や評論家、軍人の間の常識となっていた。しかるに、彼らはあえてその石油禁輸を断行したのである。まさに清瀬弁護人のいうとおり、それは日本への挑戦であった。

パール博士はこの問題の結論として、つぎのごとく判定している。

「本官はこれらの証拠から、全面的な共同謀議を推論することができるとは、どうしても得心しないのである。右の証拠はむしろ情勢の推移を示すものである。終局的に起こった太平洋戦争については、日本は初めからなんらこれを企図していなかったことは明瞭である。その政策を定め、準備を整えるにあたって、日本はもとより、かような戦争が、万が一にも起こる可能性のあるべきことを無視し得なかったのである。しかしながら、日本がこの終局における衝突をつねに回避していたことについては、それこそ明白なる証拠が存在する」

日米交渉で時間を稼いだもの

一九四一年一月、日米交渉は、日本の野村吉三郎《のむらきちさぶろう》駐米大使の任命をもって始まった。交渉は正味八カ月間続いた。

検察側の主張によると、日本は米国との会談の全期間を通じて、一歩でも譲歩しようという意思がなく、共同謀議者らの政策は、終始一貫不動であったというのである。すなわち日本はかつて日独伊三国同盟条約を修正しようと意図したこともなく、また日本の目的貫徹まで中国から撤兵しようと意図したこともなく、またどのような時期においても、極東における機会均等を与えようともしなかった。その間、軍事行動の完璧な準備を進め、きわめて計画的・打算的に、戦端開始を実行に移す期日の到来をねらっていた。そしてその時機が到来したと見るや、米国との交渉を打ち切って、真珠湾攻撃をしかけてきた。つまり交渉の初めから、太平洋戦争を共同計画し、共同謀議した、というのである。

　判決文も、日本側に日米交渉を妥結させようという意思も誠意も全然認められず、日本はただ戦争準備のための時間を稼いでいたにすぎない。そして米国の譲歩にもかかわらず、日本は強引に戦争にもち込んでいったと、全面的に検察側の論告を認めている。果たして、そうであっただろうか。

　結論からいえば、事実は全くその逆である。

　われわれはここで、日米交渉の経過を詳しく述べる余裕をもたない。だが、パール博士も指摘しているように、この交渉にあたって、日本は必死になって妥結の道を求めたことは明白なる事実であり、その条件や提案についても、欺瞞的《ぎまんてき》であったり、偽善的であったという事実は一度もなく、検察側の証拠に照らしても、ルーズベルト大統領やハル国務長官に対して、何かを隠せとか、ごまかせなどという秘匿訓令はどこにも見当たらないし、隠蔽《いんぺい》されたものは何もない。パール博士はいう。

「交渉は決裂した。決裂したことはもっとも遺憾である。しかし、少なくとも、日本側においても、すべてのことは誠意をもってなされたことであり、本官はそのいずれのところにおいても欺瞞の形跡を発見することができない」

「なるほど、交渉の過程において、戦争準備は行なわれたであろう。だが、かような準備は双方とも進めていた。交渉の最中に大西洋会議[注1]が開かれたことは周知の事実である。その会議でルーズベルト大統領とチャーチル首相が到達した四つの基本的協定の一つは、日本に対する終局的行動に関する協定であった。すなわち、交渉が不成功に終わった場合は、米英は共同して戦争に訴えるという協定である。ともあれ、いずれの当事者も、その不幸な可能性の起こり得ることを無視することはできなかったのである」

交渉が望みなしとすれば、武力に訴える以外にない。国家主権を絶対的なものとする無政府国際社会においては、それは当然のことである。問題はその外交交渉が欺瞞的なものであったかどうか、たんなる時間稼ぎのごまかしをやっていたのかどうか、という問題である。検察側はそうだといい、パール博士はそうでないという。

御前会議の一員であった嶋田被告は、第二次近衛内閣当時から開かれた御前会議の模様をつぶさに陳述している。彼によれば「(一九四一年)十一月二十六日、ハル・ノートを突きつけられるまで、政府、統帥部中誰一人として、米英と戦争を欲した者はいなかった。

日本が四年間にわたって継続し、しかも有利に終結する見込みのない支那事変で、手いっぱいなことを、政府も軍部も知りすぎるほど知っていた。天皇は会議のたびに、交渉の成り行きを心から憂えていた。そして、第二次近衛内閣も東条内閣も、平和交渉に努力せよという天皇の聖旨《せいし》を体して任命され、政府の使命は日米交渉を調整することにかかっていた」と。

これを裏づける証拠は、御前会議の記録をはじめ、政府の訓令などの随所に見られる。しかし、不幸にして事態はこれを許さなかったのである。パール博士も「日本は、アメリカとの衝突は一切これを避けようとして全力をつくしたけれども、次第に展開してきた事態のために、万やむを得ず、ついにその運命の措置をとるにいたったことは、証拠に照らして本官の確認するところである」といっている。

その証拠の一つとして、たとえば、日独伊三国同盟に関する問題がある。そのころ、すでに独伊は戦端を開いており、欧州戦争は独伊に有利であった。アメリカは英仏の強い要請により、この戦争への参加の機会をねらっていたが、背後に日本のいることを恐れた。そのためには、この三国同盟を死文化し、日本が同盟のよしみにより、起ち上がることを未然に防いでおく必要があった。

日米交渉においてアメリカは、まず三国同盟を破棄せよと迫るのである。日本はこの要求になんとか沿おうと苦心する。すなわちアメリカの要求を満足させながら、しかも独伊に対して条約不履行の非難を受けないように、というので、三回にわたって提案がなされた。そして、ついに日本は、日本の自主性が第一義で、自主性を曲げてまで独伊の指図は受けない旨を言明したのである。事実上の条約の死文化である。これに対してハル国務長官は十月二日の覚書で「日本政府のとられた措置を多とする」と満足の意を表明している。弁護人側のいうとおり、これは日本側の大きな譲歩だったのである。グルー駐日米大使もその手記の中にこう明記している。「正式にアメリカとの交渉に入る意思のあることの表示として、日本は三国同盟を死文化する意思のあることを実際に示したものである」と。日本は一歩も譲歩しなかったどころか、実に前後三回にわたって、譲歩を重ねたのである。

さらに日本政府は、交渉の過程を通じて、かつて第一次近衛内閣のときに発した「蔣介石を相手とせず」という声明を取り消し、将来の中国政府は、中国国民の決定に俟《ま》つことを明らかにし、汪兆銘《おうちょうめい》政権[注2]支持一本槍を放棄したのである。つまり、中国国民が望むならば、蔣政権が中央政府として返り咲いてもかまわないというのである。そのうえ、アメリカ側のもっとも強い要求である仏印からの撤退も承認し、さらに中国本土から期限付きで陸海軍を撤退することについて協定を結ぶ用意のあることを言明したのである。このときもハル長官は、「日本案は徐々にその範囲を狭めてきた」といって満足の意を表しているのである。

このような一連の事実を見ても、日本側に全然誠意がなかった、一歩も譲らずに戦争準備の時間を稼いだ、などとどうしていえるだろうか。パール博士のいうとおり、日本側において欺瞞の形跡を発見することは困難であり、まして、時間を稼ぐ目的で交渉を長びかせていたなどということは、事実を曲げるのもはなはだしいといえよう。

博士によれば、戦争準備のために時間を稼ぐ目的で交渉を長びかせていたと見なせるならば、時間を稼いだのは日本ではなく、アメリカ側であった。というのは、公平に見て、時間が長びけば長びくだけ、利益を得るのは米国であって、日本ではなかったのである。資源の少ない日本は、時間の経過とともに、経済封鎖による経済的困窮が深刻化する一方であった。四年間にわたる中国との戦争で、疲弊しきったところへ、アメリカの対日経済封鎖にあい、いわゆるジリ貧状態に追い込まれていったのである。その切迫感と焦燥感《しょうそうかん》が、ついに大事を決行させるにいたった経緯については前述したとおりである。

もちろん、交渉過程において、日本側は本気で戦争準備に着手し始めた。だがそれは、博士のいうとおり、米英側においても然《しか》りであった。

米国は主力艦隊を太平洋のハワイに集結し、英国も極東艦隊を増強して、シンガポールを根拠地に、戦争配備についていた。それどころか、戦後、アメリカの軍法会議および上下両院の合同調査委員会で明らかにされたところによれば、日本の真珠湾攻撃よりも前に、ルーズベルト大統領は秘密命令を発して、戦争指令をしていたことが判明し、アメリカの世論を愕然《がくぜん》たらしめた。開戦当時、太平洋艦隊司令官だったセオボルト少将は、その著『真珠湾の最後の秘密』の中で「真珠湾は日本に最初の一発を放たせるためのオトリであった」と証拠をあげて、はっきり告白している。（大鷹正次郎著『第二次大戦責任論』参照）

いずれにせよ、日本を窮地に追い込み、日本を挑発することにより、日本に戦争をしかけさせ、これによってルーズベルト大統領は第二次大戦参加へのきっかけをつくった、という見解は、ピアード博士、タンシル教授、グルー大使、キンメル太平洋艦隊司令長官、ウェデマイヤー陸軍大将など、有力なる当時のアメリカの責任者たちによって、つぎつぎと明らかにされ、これに関する証拠もあげられている。（同上著）

ただし、これらの重要な証拠は、何一つ東京裁判には提示されず、また当時はアメリカ側も秘匿に躍起になっていた。しかし、語るに落ちるということばがあるが、ハル国務長官は、真珠湾攻撃の一週間前に、英国大使に向かって「外交の面における日本との交渉は事実上終わりを告げた。いまや問題は陸海軍当事者の手に移された」と語っているのである。また、三日前に大統領は太平洋艦隊に対して戦闘配備を命令している事実がある。

これらいくつかの証拠を指摘して、パール博士は「事実、合衆国は一九四一年七月の禁輸以来、たんに時間を稼いでいたと見なすことができる」と前置きして、つぎのような判定を下している。

「一九四一年七月のエンバーゴ（禁輸）のあとに残る唯一の問題は、日本がいつ、どこで戦闘開始の一撃を打ち下すかということであった。アメリカとしては、敵対行為を延期できれば、それだけ有利であった。時はアメリカに有利に働いていたし、アメリカ側が時間を稼ごうと望んだのは十分な理由があってのことであった」

「効果的な禁輸がもっと早くから実施されなかったわけは、合衆国が当時日本に対して友好的であったからではない。当時一般に行なわれた見解は、もしも全面的な禁輸を実施したら、日本は破滅にいたるであろうということであった。そうなると日本は戦うよりほか道はなくなる。しかし、そのときアメリカにはまだ対日戦争の危険を冒すだけの用意がなかった。ドイツが大西洋方面において、アメリカを攻撃することができないという点が十分確かめられるまでは、米国としては、うかうかと太平洋において全面戦争を招来するようなことはできなかったのである」

日米交渉の全期間を通じて、アメリカこそ戦争のための時間を稼いだのだという意見は、最近になって、ようやくアメリカの国内で問題になっているが、すでに終戦直後、パール博士の慧眼《けいがん》はこれを見抜いていたのである。この判決文の公表を、当時、マッカーサー司令部が厳禁していた理由の一半は、このようなことが白日のもとにさらされることを恐れたためではなかろうか。

注1　一九四一年八月十四日、カナダ東岸沖の大西洋に浮かぶ英戦艦プリンス・オブ・ウェールズの艦上

で、ルーズベルト米大統領とチャーチル英首相とが会談し、「大西洋憲章」を発表した。

注2　国民党の重鎮・汪兆銘は武漢が日本軍の攻撃で陥落すると（一九三八年十月）、対日和平を主張して蔣介石と対立、近衛声明に応じて重慶を脱出（同年十二月）、四〇年三月に南京政府をつくった。

悲劇の傍受電報

日米交渉を悲劇に導いた原因の一つに、アメリカ側の通信傍受のあやまちがある。迂闊《うかつ》なことに、日本の暗号電報は、アメリカのブラック・チェンバー（秘密情報部）によって解読されていた。日本政府と野村全権大使とのやりとりが、アメリカ側によって筒抜けに傍受されていたのである。もっとも、日本の暗号が解読され始めたのは、日米交渉の後段に入ってからであるが、これが一字一句間違いなく解読されていたのなら、むしろ問題はなかったのであるが、肝心なところが誤訳され、そのために、日本の真意が恐ろしく曲げられて、アメリカの首脳に伝えられていたところに、救いがたい悲劇の端緒がある。

パール博士は、これを取り上げてつぎのように述べている。

「実に、この通信傍受が日米戦争の悲劇であると見ることができる。米国国務省は日本大使館の往復文書がどのような内容のものであったかを知らなかった。しかしその手許《てもと》には、合衆国の情報部によって解読翻訳された傍受電報があったのである。この傍受は、たしかに情報部の油断なき明敏さ、および勤勉さを示しているであろう。しかし、同時に今日となっては、この傍受は、国務省に対して、たんに生半可な知識、あるときは全く逆な知識を伝えることだけに成功したようなものである」

実例として、弁護人側は東京裁判に三通の傍受電報を証拠として提出している。

日米間の交渉は次第に大詰めに近づいていた。問題はきわめて具体的となり、日本はその決断を迫られていた。つまり、中国大陸および仏印から、いつ、どういう形で日本軍が撤退するか、その協約について、アメリカにどう回答するか、ということが問題の焦点となった。この問題で閣内の意見は二つに分かれ、第三次近衛内閣は崩壊する。続いて東条内閣が発足するが、天皇からとくに、日米交渉を平和的に解決するようにとの御諚《ごじょう》をいただいた東条は、難局打開の途を求めて、交渉継続にあたる。十一月五日に御前会議を開いて、日本側最終案ともいうべき「帝国国策遂行要領」なるものを裁決する。それは甲案と乙案の二つに分かれていた。この訓電（甲案）は、十一月七日、野村大使からハル国務長官に手交された。その内容はつぎのごときものであった。

（A）支那ニオケル駐屯及ビ撤兵
支那事変ノタメ支那ニ派遣セラレタル日本国軍隊ハ、北支那及ビ蒙疆《もうきょう》ノ一定地域及ビ海南島ニ関シテハ日支間平和成立後所要期間駐屯スベク、爾余《じよ》ノ軍隊ハ平和成立ト同時ニ、日支間ニ別ニ定メラルル所ニ従イ撤去ヲ開始シ、治安確立トトモニ二年以内ニコレヲ完了スベシ。

（B）仏印ニオケル駐兵及ビ撤兵
日本国政府ハ仏領印度支那ノ領土主権ヲ尊重ス。現ニ仏領印度支那ニ派遣セラレオル日本軍隊ハ支那事変ニシテ解決スルカ、マタハ公正ナル極東平和ノ確立スルニオイテハ、直チニコレヲ撤去スベシ。

（C）無差別原則
日本国政府ハ、無差別原則ガ全世界ニ適用セラルルモノナルニオイテハ、太平洋全地域、スナワチ支那ニオイテモ本原則ノ行ナワルルコトヲ承認ス。

この案において、初めて日本は和平成立後に軍隊を駐屯すべき地域を限定し、北支、蒙疆、海南島を除く全中国大陸からの撤兵ならびに仏印からの撤兵を約束したのである。ところが、この甲案が訓電される以前からアメリカの傍受が始まり、本案の全文も傍受されていた。しかも、それがきわめてまずいことに、傍受電報がはなはだしく歪曲《わいきょく》され、これを読む者をして、その起草者、すなわち日本の真意が奈辺《なへん》にあるかを疑わしめるような、不誠実で曖昧で、敵意に満ちているごとき誤訳をしているのである。そのため、日本政府の誠意と憂慮がアメリカ国務省に伝わらず、日本に全く誠意なしという印象を強めてしまったのである。

これに対してブレークニー弁護人は「この両者（原文と傍受）を比較して一読すれば、国務省が読んだ電文を書いた無謀にして冒険的な賭博者《とばくしゃ》と、その大使に慎重訓令したまじめな責任ある政治家の区別がつくであろう」と述べている。パール博士も「たしかに電報の起案者は、大使に訓令を送るにあたって、〝いまいちど交渉継続を賭す〟（傍受電報の文章）

というようなことは考えていなかったのである。彼の通信文にはそんな射倖《しゃこう》的なものや、またなんら駆け引き的な精神はない。事態の重要性に対する彼の認識、交渉が、ほんとうに打ち切られたままとなった場合の、自国の運命に対する彼および閣僚全員ならびに統帥部によっても同様に感じられていた深刻な憂慮の表示、その誠実さ、これらが全部傍受電報では失われているのである」と述べている。

たとえば、日本の駐兵期間という重大な問題に関して、原文と傍受とでは、その受けるニュアンスは全然違ったものになっている。

原文　二四五

本案は修正せる最終的譲歩案にして左記の通り緩和せるものなり。

(註)

所要期間について米国より質問ありたる場合は、概《おおむ》ね二十五年を目途とする旨を応酬

傍受　二四六

本案は修正せる最後通牒なり。左記の通りわが方の要求を加減した。

(註)

適当期間につき米側より質問ありたる場合には、漠然とかかる期間は二十五年にわた

するものとす。

米側が不確定期間の駐兵に強く反対するに鑑《かんが》み、駐兵地域と期間を示し、もってその疑惑を解かんとするものなり。

この際はあくまで「所要期間」なる抽象的字句により折衝せられ、無期限駐兵にあらざる旨を印象づくるように努力相成りたし。

るものと答えられたし。

米側が不確定地域へのわが駐兵に強く反対しおるに鑑み、我が方の目的は占領地域を換え、官吏の異動をなし、もって米側の疑惑を解かんとするものなり。

わが方は従来つねに曖昧なる言辞をもって表わし来《きた》りたるところ、貴官においてはできうるかぎり不徹底にして、しかも快適な言辞をなし、これを婉曲《えんきょく》に述べ、無期限占領が永久占領にあらざる旨を印象づけるよう努力相成りたし。

なるほど傍受電文から推察する日本政府の態度は、きわめて不まじめであり、誠意あるものとは思われないと見なされたのは当然かもしれない。「漠然と二十五年と答えておけ」、

「占領地域を換えたり、官吏の異動を」させることで米側をごまかすのだ、できるだけ不徹底なことばで、「無期限占領が永久占領」でないことを印象づけよなどという、誠意のない、でたらめな考えは、原文起草者の頭の中には、微塵《みじん》もなかったことが、原文をそのまま忠実に傍受していたならばわかったはずである。

当時の日本政府および統帥部が、いかに日米交渉の成功を期待し、いかに真剣にこれと取り組んでいたかを、十分知っているグルー大使は、自国政府に対して、日本が主張する局面打開の要望が、果たして誠意あるものであるか否かを、立証する機会を日本に与えることが賢明である旨を、一再ならず進言しているのである。しかし、米国務省はグルー大使の進言を受け入れようとはせず、頭から日本に誠意なしと決めてかかっていた。英国のロバート・クレギー大使も、グルー大使と同様に、日本は局面打開のため真剣であることを、米国務省に進言した。だが、残念なことに、米国務省の頭の中には、傍受電報から受けた暗い印象のみが支配的であった。

日本は甲案において、中国からの撤兵問題について譲歩を行なった。ついで、乙案において、仏印からの撤兵問題をさらに譲歩した。乙案はつぎのごときものである。

一、日米両国政府ハ、イズレモ目下日本軍ノ駐屯スル仏領印度支那ノ一部ヲ除ク、東南アジア及ビ南太平洋地域ニ武力進出ヲ行ナワザルコトヲ確約スル。

二、日本国政府ハ、日華間ノ平和恢復《かいふく》スルカ又ハ太平洋地域ニオケル公正ナル平和ヲ確立スル上ハ、現ニ仏領印度支那ニ駐屯中ノ日本軍隊ヲ撤退スベキ旨ヲ確約スル。ソノ間ニ日本国政府ハ、本取リ極メ成立セバ、現ニ南部仏印ニ駐屯中ノ日本軍ハ之ヲ北部仏印ニ移駐スルノ用意アルコトヲ闡明《せんめい》ス。而《しこう》シテ本取リ極メハ、後日最終的了解ニ包含セラレルモノトス。

三、日米両政府ハ、仏領印度支那ニオイテ、ソノ必要トスル物資ノ獲得ガ保障セラルルヨウ相互ニ協力スルモノトス。

四、日米両国政府ハ、相互通商関係ヲ資産凍結前ノ状態ニ復帰スベク確約ス。米国政府ハ所要ノ石油ノ対日供給ヲ為《な》スベシ。

五、米国政府ハ、日華両国間ノ全面的平和恢復ニ関スル努力ニ支障ヲ与ウルガ如キ措置及ビ行動ニ出《い》デザルベシ。

この乙案に対しても、傍受電報は残忍な曲解がなされた。

検察側は、この日本の甲乙両案をもって最後通牒であるとなしているが、実は検察側自身が傍受電報の災いを受け、ことさらに事実を曲げているのである。すなわち、

原文　二四八	**傍受**　二四九
甲案にて妥結不可能なる際は、最後の局面打開策として乙案を提示する意向なるによ り……	もし交渉妥結不可能なること明白となりたる際は、わが方は絶対的な最後の提案として乙案を提出せんとする。

「最後の局面打開策」が「絶対的な最後の提案」にすり替えられているのである。さらにそれが、日本の「最後通牒」であるような言動を今日になって米国務省や検察側がなすのは、まさしくいいがかりというものであろう。

日本は、近衛首相とルーズベルト大統領との洋上会談を提案したが、米国はこれを拒否

した。そして日本が審議に審議を重ね、まじめな気持ちで、最後の局面打開を図ろうと試みた甲乙二つの提案に対して、これを「最後通牒」であるとし、しかも不誠実きわまりない態度であると曲解し、ついに十一月二十六日、それこそ最後通牒が、ハル長官から野村大使に突きつけられたのである。

アメリカの最後通牒(ハル・ノート)

日米交渉に終止符を打ったのは、十一月二十六日のハル・ノートであった。

このハル覚書は、今日、冷静に考えてみても、明らかに外交上の暴挙といえよう。公平な目で、日米交渉のいきさつを通覧するとき、アメリカが突如として日本に突きつけたこの文書は、まさに〝挑戦的〟といっていいすぎではなかろう。なぜなら、八カ月にわたる交渉の全期間を通じて、アメリカ自身が提案してきた以上の厳しい過激な条項を、日本に呑めと迫ったのである。その概要はつぎのごときものである。

合衆国政府及ビ日本国政府ニ依《よ》ッテ執ラルベキ措置

一、両国政府ハ、日米並ビニ英帝国、中華民国、和蘭《オランダ》、蘇《ソ》連邦及ビ泰《タイ》国間ニ多辺的不可侵協定ヲ締結スルニ努力ス。

二、両国政府ハ、日米並ビニ英、蘭、支、泰各政府間ニ、仏領印度支那ノ領土保全ヲ尊重シ、ソレニ脅威ヲモタラスベキ事態発生セバ、ソレニ対処スベク必要ナル措置ヲ執ルタメノ共同協議ヲ開始シ、マタ仏領印度支那ニオケル通商上ノ均等待遇ヲ維持スベキ協定ノ締結ニ努力ス。

三、日本ハ中国及ビ仏印ヨリ全陸海軍及ビ警察力ヲ撤退ス。

四、両国政府ハ、重慶政府以外ノ中国ニオケル如何《いか》ナル政府モシクハ政権ヲモ支持セズ。

五、両国政府ハ、団匪《だんぴ》事件[注1]議定書ニ基ヅク権利並ビニ居留地権ヲ含ム中国ニオケル一切ノ治外法権ヲ放棄シ、他国政府モ同様ノ措置ヲ執ルトノ同意ヲ得ベク努力ス。

六、両国政府ハ、最恵国待遇及ビ貿易障壁ノ軽減ニ基ヅク通商協定締結ノタメノ交渉ヲ開始ス。

七、両国政府ハ、資産凍結ヲ撤回ス。

八、弗《ドル》円比率安定ノ計画ニ同意シ、ソノ資金ヲ設定ス。

九、両国政府ハ、イズレモ第三国ト締結シタル協定ハ本協定ノ基本的意図タル太平洋地域ヲ通ジテノ平和ノ確立及ビ維持ト衝突スルガ如ク解釈サレルコトナキニ同意ス。
十、両国政府ハ、他ノ諸国ヲシテ本協定ノ基本的政治上及ビ経済上ノ諸原則ニ同意シ、コレヲ実際ニ適用セシメルガ如ク勧誘スベシ。

これを受け取った日本政府は、愕然《がくぜん》とし、色を失った。

まず第一に、第一項の多数国間の不可侵協定などということは、日米交渉期間中一度も出なかった新しい問題である。いまさらこのような難問題をもちだすということは、日本側にとって全く理解しがたいところであった。ことに日米交渉の中にソ連までも加えた多数国間の不可侵協定をこれから締結しようなどという提案は、交渉をいたずらに長びかせるための手段であるとしか考えることができない。先にも述べたとおり、検察側は、ことさらに日米交渉を引き延ばして、開戦準備をしたのは日本であると決めつけたが、事実はかくのごとく、米国側こそ逆の態度に出てきたのである。

第二項の問題も然りである。日本はすでに乙案によって、仏印における特殊権利の主張を放棄している。しかるに米国は、この問題を多辺的協定にもち込むべく新提案をしている。これまた仏印問題の解決をいたずらに複雑化、または遷延化するものである。

第三項にいたっては、全く米国の豹変《ひょうへん》といえよう。日本軍隊の中国からの撤退については、その地域や時期や条件をどうするかという交渉が八カ月間続いたのである。アメリカも今後の討議に俟つという態度で、焦点を絞ってきたのである。ところが、ハル・ノートにおいて、突如即時かつ無条件の撤退を要求してきたのである。検察側のいう「一歩も妥協をしようとはしなかった」のは、日本ではなくして、米国である。この条項は、とうてい日本側の忍び得るところではなかった。

第四項の、重慶政府以外には、中国におけるどのような政府または政権をも支持してはならないという提案は、裏を返せば、汪政権の廃棄はもとより、満洲国の存在さえも否定し去ろうとするものである。これまた日本政府としてはとうてい忍び得るところではなかった。アメリカは日米交渉期間中、初めから日本の満洲国は暗黙にこれを認めるという態度をとり、満洲国問題には触れていなかったのである。しかるにハル・ノートは、無謀にも、満洲国放棄を日本に迫ったのである。

第五項の、中国における治外法権、租界および団匪事件にもとづく権利の放棄も、全く新しい提案であった。

第九項の、日独伊三国同盟を対象としたこの条項は、従来の米国の主張の範囲を越えたものであり、要するに三国同盟の廃棄を要求するに等しいものである。かつてハル長官自身も、日本が三国同盟を自主的に解釈することによって、米国の自衛行動に対しては三国同盟を発動しない旨の約束をとりつけたとして満足の意を表したことがある。しかるに、ここにあらためて三国同盟条約は破棄せよと迫ってきたのである。

過去八カ月、日本政府の譲歩によって交渉は遅々たる足どりではあったが、次第に煮つまっていた。日本軍隊の中国からの撤退問題、仏印問題、日独伊三国同盟に対する日本側の態度など、アメリカ自身が満足の意を表し、話し合いの余地は残されているものと信ぜられていた。しかるに交渉の土壇場にきて、いままで提案されなかった事項までもちだし、従来の弾力性ある態度を捨てて、一方的にいままでにない苛酷な条件を押しつけてきたのである。これでは八カ月にわたる交渉は何のために行なわれてきたのか、日本側は理解に苦しんだ。パール博士が指摘したように、むしろアメリカ側こそ、この日まで戦争準備を整えるための時間稼ぎをやっていたものと推測されても、それだけの理由はあったのである。「それはもはや交渉ではなくして、日本に対し全面降伏を迫る最後通牒を意味するもの」であった。

日本の指導者たちは、このハル・ノートをいかに受け取ったか、嶋田被告の陳述がこれを示している。

「それはまさに青天の霹靂《へきれき》であった。アメリカにおいて日本のした譲歩がいかなるものにせよ、余はそれを戦争回避のための真剣な努力と解し、かつアメリカもこれに対し歩み寄りを示し、もって全局が収拾されんことを祈っていた。しかるにこのアメリカの回答は、頑強不屈にして、冷酷なものであった。それは、われわれの示した交渉への真剣な努力は少しも認めていなかった。ハル・ノートの受諾を主張したものは、政府部内にも統帥部内にも一人もいなかった。その受諾は不可能であり、その通告はわが国の存立を脅かす一種の最後通牒であると解せられた。この通告の条件を受諾することは、日本の敗退に等しいというのが全般的意見であった」

東郷被告（当時の外相）も、ハル・ノートを野村大使から電報で受け取ったときに、「眼もくらむばかりの失望に撃たれた」と告白し、「日本がかくまで日米交渉の成立に努力したにもかかわらず、アメリカはハル・ノートのごとき最後通牒を送って、わが方を挑発し、さらに武力的弾圧をも加えんとする以上、自衛のため戦うの外《ほか》なしとするに意見一致した」（東郷茂徳著『時代の一面』）と述べている。

被告の全部が、いずれもこれと同じ感懐を述べている。日本の指導者がそう受け取ったばかりでなく、後日アメリカにおいても、このハル・ノートに対する非難の声は、日を追って高まった。セオボルト海軍少将は「まさしくハル・ノートは、日本を鉄棒で殴りつけた挑発であった」と、これを激しく非難した。グルー駐日大使も「このとき、開戦のボタンは押されたのである」と、その回顧録の中で述べている。

注1 「団匪事件」とは、一八九九〜一九〇〇年に発生した義和団事件のこと。事件平定後の一九〇一年九月、最終議定書（辛丑条約）が調印された。

事実上の開戦＝十一月二十七日

もし日本がハル・ノートを受諾すれば、日本の大陸における権益はことごとく水泡に帰し、日清戦争以前の状態にまで後退することを意味する。アジアにおける日本の威信は全く地に墜《お》ち、代わって米英の勢力がアジアに抜きがたい地歩を築くであろう。それは日本の自殺行為を意味するものである。もしかりに、日本の指導者がこれを受諾したとしても、当時の日本の国民感情として、断じて許されるものではなかったに違いない。世論は激昂《げっこう》し、国内は大混乱に陥ったであろう。

たとえば、もしアメリカが、沖縄や韓国や台湾から即時かつ無条件で撤退せよ、台湾の国民政府を否認して、中共政府のみを認めよ、ＮＡＴＯやＳＥＡＴＯなどの条約機構を廃止せよ、日本や欧州や中東の軍事基地を捨てよ、といったような通牒を受け取ったとしたなら、アメリカの指導者は果たしてどう答えるか、アメリカの世論はどのような反応を示すだろうか。思い半ばにすぎるものがあろう。

「いかなる国といえども、なお方途あるにかかわらず、好んで第二流国に転落するものはない。すべての主要国が、つねにその権益、地位、尊厳の保持を求め、この目的のために、つねに自国にもっとも有利と信ぜられる政策を採用することは、歴史の証明するところである。祖国を愛する一日本人として、余はアメリカの要求を入れ、なおかつ世界における日本の地位を保持し得るや否やの問題に直面した。わが国の最大利益に反する措置をとることを支持することは、反逆行為となったであろう」と嶋田被告は述べている。

パール博士は、この嶋田被告の陳述を肯定し、日本の指導者たちが愛国者であるかぎり、アメリカの苛酷なる最後通牒を退けて、起ち上がらざるを得なかったのは当然である。それは日本にとって、生存のため自衛のため、やむを得ない措置であったとして、つぎのごとく述べている。

「現代の歴史家でさえも、つぎのように考えることができる。すなわち、今次戦争についていえば、真珠湾攻撃の直前に、アメリカ政府が日本政府に送ったものと同じ通牒を受け取った場合、モナコ公国、ルクセンブルグ大公国のような国でさえも、アメリカに対して武器をとって起ち上がったであろう」と。

アメリカ政府といえども、このような苛酷な一方的通牒を、日本政府が受諾するとは考えていなかった。つまり、この通牒は最後通牒であり、宣戦布告にも等しいものである。日本政府は当然これを拒否して、実力行使に出るであろう、ということをはっきり予測し、計算していたのである。

「ルーズベルト大統領とハル国務長官とは、右の覚書に含まれた提案を、日本側が受諾しないものと思い込んでいたので、日本側の回答を待つことなく、右の文書が日本側代表に手交されたその翌日、アメリカの前哨《ぜんしょう》地帯の諸指揮官[注1]に対して、戦争の警告を発し、戦争態勢に入ることを命令したのであった。ロバート報告書は、アメリカの前哨指揮官たちが十一月二十七日、すでに開戦の日が迫っているという警告を入手したと明言している」

パール博士はその証拠をあげて、太平洋戦争は事実上十一月二十七日から始まったことを立証しているのである。

いずれにせよ、極東国際軍事裁判において、検察側が主張するごとく、日本の指導者たちが、最初から日米戦争を共同謀議し、戦争準備の時間を稼ぐために、欺瞞と術策によって交渉を引き延ばしてきたというようなことは、全くの虚構であり、事実を曲げたものと判断するほかはない。日米交渉にあたって、日本側は少しの誠意も努力も譲歩も示さず、ひたすら戦争計画を推進し、ついに真珠湾の奇襲を果たしたという検察側の論告と、これをそのまま容認した判決は、全く独断と曲解に満ちたものといえよう。

注1　一九四六年一月十五日、真珠湾攻撃に対する上下両院合同調査委員会での、当時の太平洋艦隊司令長官H・E・キンメル大将（四一年十二月十七日解任後、四二年少将で退役）の証言。「情報さえ与えられていたならば……。私は傍受電報を見たかった。それが最大の関心事だった。……だが私は、はっきり言える。情報さえ与えられていれば、私は太平洋艦隊を失うことがなかった……」当時、日本側電報の傍受・解読、とくにホノルルと東京の交信がなぜか在ハワイの太平洋艦隊司令部に知らされなかった。（ジョン・トーランド著・徳岡孝夫訳『真珠湾攻撃』）

第二部

戦争における「殺人の罪」

――贖罪意識の植え付け

裁判所の管轄権の範囲

パール判決の第五部は「裁判所の管轄権の範囲」について論述している。これについては筆者も前に述べたが、本裁判が〝不遡及《ふそきゅう》〟の原則まで破って、管轄権の範囲を越えた事件まで裁いていることの不法を、あらためて論じたものである。

いうまでもなく、本裁判所の審理の対象となり得る犯罪は、理論的にいって一九四五年九月二日の日本降伏をもって終わりを告げた戦争において、またはそれに関連して行なわれたものに限定しなければならないことは当然である。なぜならば、この裁判権の根源は一九四五年七月二十六日のポツダム宣言にある、といわれているからである。とするならば、ポツダム宣言および降伏文書の中に示された日本の敵対行為に対してのみ審理の対象とすべきであって、はるかそれ以前の行為にまでさかのぼって審理する権限は、本裁判所にはないはずである。弁護人側はこのことを強く主張した。すなわち、一九四五年九月二日の降伏をもって終わりを告げた敵対行為、またはそれに関連して犯された犯罪に限るのでなければならない、と。国際法は、戦勝者に対してこれ以上に広汎《こうはん》な権利を付与するものではない、というのである。これは当然のことである。パール博士も「この異議は当然受理されなければならぬと判断する」と前置きして、つぎのように述べている。

「ポツダム宣言および降伏文書の中には、戦敗国がこの戦争以外の敵対行為中に、またはそれに関連して犯した罪を審理し、処罰する権限を、最高司令官または連合国に付与するようなものは何も存在しない。本裁判所条例中にも、その規定の適用範囲を、降伏をもって終わった今次の敵対行為以外のものにまで拡大するようなものは何も存在しないのである。……国際法のもとにおける戦敗者の全生涯の行為について審理する資格を戦勝者に付与するものではない」

しかるに、起訴状訴因第二、第十八、第二十五、第二十六、第三十五、第三十六、第五十一、第五十二の中に含まれた諸事項は、いずれも本裁判には関係のない管轄外の事項に属するのである。

たとえば訴因第二は、全被告について「遼寧《りょうねい》、吉林《きつりん》、黒竜江《こくりゅうこう》、および熱河《ねっか》の各省における軍事的政治的および経済的支配」のための共通の計画または共同謀議の立案、または実行に参画した罪を問うている。ところが、検察側自身のいうところによっても、熱河を含む全満洲の軍事占領は、一九三三年五月までには完了していた。三三年五月三十一日に塘沽《タンクー》停戦協定が調印され、これらの諸省に関する日中間の紛争の実情はどうであったにしても、それに関する実際上の敵対行為は終わったのである。

この停戦協定の調印をもって、日中間の友好関係は回復されたのである。検察側も、この停戦後当分の間は、日中間の関係は改善された、といっている。そして一九三五年六月十日には梅津《うめづ》・何応欽《かおうきん》協定が締結された。両国の政府はこの協定を喜ぶ声明書を発し、長い間中絶されていた蔣《しょう》政権と日本国政府代表との個人的接触も回復し、両国は融和的雰囲気のもとに交渉を続けた。たとえば、反日運動を効果的に取り締まってほしいという日本側の申し出に対し、蔣政府は各自治体に対して警告を発したり、学校の教科書の改訂を命じたりして、欣然《きんぜん》これに応ずる態度を示した。日本もまた、中国派遣外交使節を大使館に昇格させて、中国に対する敬意を表した。米国も英国もドイツも、これにならって同様の措置をとった。

しかも、そののち蔣介石政権は、関税、郵便、電信、鉄道に関して満洲国と協定を結び、そして三五年六月には日本を対象とした敦睦邦交令《とんぼくほうこうれい》を公布したのである。岡田内閣の外相広田弘毅被告は「広田三原則」を公表したが、それは、満洲国および華北の現状を承認するというもので、蔣政権もこれに賛意を表し、原則的に広田三原則を認めたのである。ソ連政府もまた満洲国を承認したばかりか、一九四一年の日ソ中立条約では、満洲国の領土保全と不可侵を尊重することを約束しているのである。

このように、当事国間において、また国際間において、承認されあるいは解決された問題までも蒸し返して、しかもポツダム宣言や降伏文書の中にもない事件を、否、裁判所条例《チャーター》の枠内にさえないものを起訴するがごときは、明らかに管轄権の範囲を越えたものといわねばならない。

同様の意味で、満洲事変を取り上げた訴因第十八、ハンサ湖地域における日ソ交戦を取り上げた訴因第二十五、第三十五、第五十一、ハルヒンゴール河地域における日本軍とモンゴル国との間の紛争を取り上げた訴因第二十六、第三十六、第五十二は、本裁判所の管轄権外の事件として却下すべきである、というのがパール博士の主張である。ことにモンゴル人民共和国は、降伏あるいはポツダム宣言当時においては、日本と戦争を全然していなかった。また宣言文にも降伏文書にもこの国のことには触れておらず、モンゴルは訴追国でもない。

つぎに問題は、一九三七年七月七日の盧溝橋《ろこうきょう》事件をもって開始されたいわゆる支那事変が、本裁判所の管轄権内に入るかどうかという問題である。弁護人側は、日本が中国に宣戦を布告したのは一九四一年十二月九日であり、したがってそれ以前の敵対行為の過程において犯されたと主張している罪は、本裁判所の管轄権外にあることを主張している。

これに対してパール博士は「連合国がカイロならびにポツダム宣言中に〝戦争〟という語を用いたのは、それによって一九四一年十二月七日（日本では八日）に開始された、宣言三当事国（米・中・ソ）が共同で遂行しつつあった戦争を指すものにすぎず、したがって、降伏もただこの戦争を終止させるものと考えられねばならないとする弁護側の主張は、きわめて有力である。したがって、本裁判所の管轄権は、右の戦争中の、またはこれに関連する行為に限られなければならない」と判定を下している。

日本は盧溝橋事件以後の、日中の交戦状態について「事変」と称し、「戦争」とは呼ばなかった。もちろん宣戦布告という国際法上の手続きもとらなかった。それは当初、日本がこの紛争を局地にとどめようとした意図によるものであった。のちには全大陸に及ぶ大戦争となったのであるが、日本がこれをあくまで戦争と名づけなかったのは、それによってケロッグ・ブリアン条約の拘束からのがれることを期待したからでもあろうし、たんに宣戦を布告しないということにより、戦争を行なっているという非難をのがれ、また戦争の遂行について、国際法によって課せられたる義務を回避することができると考えたからであろう。だが、そのために、日本は封鎖の権利、その他の若干の貴重な交戦権をみずから捨てたことは当然である。

中国もまた、日本が真珠湾攻撃によって米国と交戦状態に入るまでは、この敵対行為を戦争と名づけることを欲しなかった。中国がこれを戦争と名づけることを欲しなかったのは、おそらく中国が、公然と戦争状態に入ることを極力回避することにより、中立諸国の援助をほしいままにすることができると考えたからであろう。

米国もまた同様に、これを戦争と名づけなかった。おそらく米国は、交戦国への武器や軍需品の積み出しを禁止している「中立法の禁止事項」に触れることを恐れたためであろう。ともかく米国は、この敵対行為を戦争とは認めず、中国への援助を継続する一方、日本と平和関係を続けてきたのである。米国がもし、日中間の敵対行為を「戦争」であるとするならば、米国はみずから中立法の禁止事項を侵したことを天下に告白することになる。ともあれ、このように見てくると、ポツダム宣言の当事国中の二カ国である中国と米国は、いずれも真珠湾攻撃までの中国における敵対行為を「戦争」とはしなかったのである。それがあとになって、実はあれは戦争であったと宣言し、その戦争行為を裁くというのでは筋が通らない。パール博士はこの点を指摘して、「本裁判所における管轄権は、一九四一年十二月七日以降、日本降伏までの間に起きた、いわゆる太平洋戦争中の戦争犯罪に対してのみ限定すべきである」と主張するのである。

命令し、授権し、許可した者

東京裁判は二十五名の被告（起訴されたのは二十八名）に対して「殺人の罪」を問うている。訴因第三十七から第五十二までがこれである。博士はこれを「厳密なる意味における戦争犯罪」というタイトルで総括している。

「厳密なる意味における」というのは、起訴事実の言葉で、刑事上の直接の犯罪を指すものである。すなわち、国際法によって禁止されている直接の戦争犯罪、たとえば一般の非戦闘員や武装を解除された兵隊を殺害したとか、俘虜《ふりょ》を不当に虐待しまたは殺害したとか、住民の財産を掠奪《りゃくだつ》し、婦女子に暴行を加えたとかいうような、いわゆる一般にいわれている戦争犯罪である。

もちろん二十五名のA級戦犯の誰一人として、みずから手を下して、このような破廉恥《はれんち》な犯罪を犯した者はいない。そうした事実もなければ証拠もない。検察側の主張によれば、被告らは部下に対して、これらの残虐な戦争犯罪行為を「命令し、なさしめ、かつ許可した」というのである。しかも、これまた共同謀議によって行なったというのである。

このことを裁判所条例は第五条においてつぎのように規定している。

「人道ニ対スル罪＝戦前マタハ戦時中ナサレタル殺戮《さつりく》、殲滅《せんめつ》、奴隷的酷使、追放、ソノ他ノ非人道的行為……上記犯罪ノ何《いず》レカヲ犯サントスル共通ノ計画又ハ共同謀議ノ立案又ハ実行ニ参加セル指導者、組織者、教唆者及ビ共犯者ハ、カカル計画ノ遂行上ナサレタル一切ノ行為ニツキソノ何人《なんぴと》ニ依《よ》リテ為《な》サレタルトヲ問ワズ責任ヲ有ス」

これが有名な「人道」に対する罪の規定である。

この人道に対する罪を、検察側は三項目に分類している。

一、殺人および共同謀議の起訴事実。
二、占領地域内の一般人に対する厳密なる意味における戦争犯罪。
三、俘虜の虐待、殺人の責任。

南京虐殺事件、マニラ虐殺事件、フィリピンのバターンにおける死の行進など、問題が具体的であり、事件は生々しく、多分に猟奇的・嗜虐的《しぎゃくてき》興味も手伝って、これらの問題はたちまちマスコミの餌食《えじき》となり、連日紙面を賑《にぎ》わした。検察陣も連合国も、東京裁判の焦点をここに合わせ、多くの証人を召喚し、おびただしい証拠を集め、日本軍隊の残虐性を立証することに努めた。その中には、ほんとうのこともあれば、でたらめの嘘もあった。清瀬弁護人が慨嘆するごとく「毎日流された法廷記事の半分は嘘であった……日本軍人は残虐行為ばかりしておったのだと、日本国内はむろんのこと、世界のすみずみにまで宣伝した。しかも、わが方にはこれに対抗する手段は封ぜられていた」のである。

戦争という異常心理の中において、海外に送られた百万人の将兵の中には、たしかに残虐行為や非人道的行為を行なう者もいたであろう。もともと戦争そのものが残虐なものであり、非人道的な最たるものである。人道的な戦争などというものはありようはずがないのである。「人道に対する罪」を裁くというならば、戦争そのものを裁かねばならない。戦争は殺人、強盗、掠奪、放火、暴行……およそ地上の悪虐を、国家行為の名において容認し、むしろこれを名誉とするものであるからだ。国のためなら殺人・強盗もかまわないというのが戦争だ。裁かるべきは、国家主権の名をもって呼ばれるこのような国家行為であり、国家意志でなければならぬ。

戦争の心理というものが何であるかということについて、ヘッセルタイン博士はつぎのように指摘している。

「武力戦争に避けがたい付きものは、その戦闘のため当事者間の心中にかもし出される憎しみの感情である。国難に際してその国家のために矛《ほこ》をとって立つ人びとの心を励ましている愛国の精神は、これらの人びとの心中に、その国家の敵に対する極度に激しい敵意を抱かせるのである。こういう敵意が自然に表現されるのは、ただ戦場における戦闘の興奮裡《り》ばかりでなく、また兵士らの日常生活およびこれら兵士の出身地である社会の感情のうちにも表現されるのである。けだしこの兵士らの生活も、彼らの家庭も、彼らの出身地である社会も、ともに戦争勃発《ぼっぱつ》のため、平和時代に従い慣れた日常の軌道から脱離しているのである。この不満と怒りは敵愾心《てきがいしん》となって鬱積《うっせき》する。理想、主義、あるいは国家民族に対する愛情というものは、それが安全と生命との犠牲を必要とする場合には、その愛情を感ずる者をかって、自己の主義・理想と相容《あいい》れない主義・理想もしくは他の国家に存在するどのような美徳に対しても盲目にしてしまうのである。そして自分たちの主義に対する愛着心に反比例する嫌悪をもって、敵方の主義の信奉者たちを憎悪するのである。……敵は憎むべきものとなる。敵は自分たちと同様の美徳を享有しない。そして敵の言語、人種または文化上の特異点は、重要な相違点となり、否むしろ、より重い罪を意味するものとなってくる。平和時代にある程度存在する批判力は、国家的危機が近づくにしたがって萎《い》縮《しゅく》してしまう」

パール博士は判決文で、このヘッセルタイン博士のことばを引用して、つぎのように述べている。

「『戦争がもたらした社会秩序の混乱の当然の結果として生ずるこのような心的状態においては、戦争当事国の一方、または他方の犯した残虐行為の物語が、だんだん真実性をおびてくるのは当然であった』

時としては、戦闘の敗北による士気の阻喪《そそう》を回復するために、敵方の野蛮性の例をもって補う場合もあろう。……そして本件には、こういう性質の宣伝をもたらすべき要素は全部存在していたのである。そのうえ、これに輪をかける追加的な不幸な要素が存在していたことも無視することはできない。日本側の手中にあった捕虜たちの数は圧倒的に多数であった。これは実に白色人種国家が痛感したように、白色人種優越性の伝説を完全にくつがえした戦闘の結果を示したものであった。この損害を補う一手段として、非白色人種に対するかような宣伝工作を考えついたのかもしれない。とにかくこの段階における証拠を取り上げるにあたっては、われわれはこういう諸要素のあることを無視してはならない」

いずれにせよ、あれほどの大がかりな宣伝と、証拠固めに躍起となったにもかかわらず、二十五名のA級戦犯が、共同計画や共同謀議によって、その部下に対し、残虐行為を命令し、なさしめ、かつ許可したという事実は、ついに一つも摘発することはできなかった。パール博士は「本官は本件において提出された各証拠を注意して読み通したが、この点について、共同計画もしくは共同謀議があったという結論にみずからを到達させる何ものも見出《みいだ》せなかったといわねばならない。たしかに、諸残虐行為は互いに似かよっていたであろう。しかし本官は、これら残虐行為が共同謀議の罪の訴追を受けている人びとによる共同計画、もしくは共同謀議の結果であったという推論を下す基礎となるものを、なんら見出すことができない」と述べている。

事実日本には、ヒトラー政権が行なったような、あの残虐なユダヤ人の大量殺戮といった計画的行為はなかったのである。さすがの検察側も、最後にはこの難点に気づき、本件の最終論告においては、これらの訴追を放棄したのである。すなわち検察側は、「本審理の起訴状の訴因第四十四および第五十三に関しては有罪の判決を要請しない。訴因第三十七および第三十八に関しても、これが本裁判所条例第五条（b）項および（c）項に依存する有罪の判決を要請しない」旨を明らかにしたのである。

南京事件と松井大将

東京裁判のねらいが、戦場における日本軍隊の残虐性を世界中に宣伝し、日本国民の脳中に拭《ぬぐ》いがたい罪悪感を烙印《らくいん》することがその一つであったことは、前に述べたとおりである。このために、おびただしい証拠と証人が市ケ谷の法廷に集められた。

パール博士はきわめて冷静に、注意深く、これらの証拠と証言に耳を傾けた。博士はこれらの証拠および証言の多くが、伝聞証拠であり、連合国側の現地における一方的な聴取書であることを指摘したのち、つぎのように述べている。

「戦争というものは、国民感情の平衡を破り、ほとんど国民をして狂気に追い込むものである。同様に、戦争犯罪という問題に関しても、激怒または復讐《ふくしゅう》心が作用し、無念の感に左右されやすい。ことに戦場における事件の目撃者というものは、興奮のあまり、偏見と臆測《おくそく》によって、とんでもない妄想を起こしやすい。われわれは感情的要素のあらゆる妨害を避け、ここにおいては戦争中に起こった事件について考慮をはらっていることを想起しなければならない。そこには、当時起こった事件に興奮した、あるいは偏見の眼をもった観測者だけによって目撃されたであろうという特別の困難がある」として、いくつかの例をあげ、目撃者と称する証人の証言の矛盾を指摘している。

「さらに戦争中勝利を得、戦時俘虜を捕獲することに成功した交戦国は、本件の起訴状に訴追されている性質の残虐を犯したと見なされる可能性がある。究極において敗戦した場合には、敗戦そのものによって、そのもっとも邪悪な、残忍な性質が確立されるものである。もし刑罰がここに適用されるものでなければ、どこにも適用されるものではない、とわれわれはいい聞かされている。われわれはかような感情は避けなければならない」

「当時の新聞報道あるいはそれに類似したものの価値を判断するにあたって、われわれは戦時において企図された宣伝の役割を見逃してはならない。本官がすでに指摘したように、敵を激怒させ味方の銃後の者の血をわかし、中立国民をして憎悪と恐怖を抱かしめる方法として、想像力を発揮するための一種の愚劣な競争が行なわれているのである。われわれはこれに目を奪われてはならない」

遺憾ながら、敗戦に打ちひしがれた当時の日本国民には、博士のような冷静さと注意深さをもって、戦勝に酔った連合国の企図された宣伝の役割を見抜くことができず、日本軍隊の鬼畜にも等しい残虐行為のみが、彼らの宣伝の額面どおりに鵜呑《うの》みにされたのである。そして、あたかもこれらの東南アジア全地域にわたるおびただしい日本軍の暴虐行為が、すべて二十五名のA級戦犯の被告の命令によって行なわれたがごとく錯覚させせられ、その処罰は、人道上当然のこととされたのである。

松井石根《いわね》被告（元陸軍大将、中支派遣軍司令官）は、南京の暴虐事件の責任だけで死刑に処せられた。訴因の第一から第五十四までは全部無罪で、第五十五のみが有罪であるとして絞首刑となったのである。

松井被告に対して、多数判決は「……これらのできごとに対して責任を有する軍隊を彼は指揮していた。これらのできごとを彼は知っていた。彼は自分の軍隊を統制し、南京の不幸な市民を保護する義務をもっていた。同時に、その権限をももっていた。この義務の履行を怠ったことについて、彼は犯罪的責任がある」と断じたのである。

これに対してパール判決は、提出された証拠にもとづいて、つぎのように述べている。

一、一九三七年十二月一日、大本営は中支方面軍に対して、海軍と協力して南京を攻略せよと命令した。

一、当時病気中であった松井大将は、南京から一四〇哩《マイル》離れた蘇州において、参謀と協議のうえ病床でこれを決裁した。

一、十二月七日、上海派遣軍に対して別の司令官が任命された。すなわち、方面軍の任務は麾下《きか》の上海派遣軍と第十軍との指揮を統一するにあたって、軍隊の実際の操作および指揮は各軍の司令官によって行なわれた。

一、各軍司令部には参謀および副官のほかに兵器部、軍医部および法務部などがあったが、方面軍にはさような部はなかった。

一、それでも松井大将は南京攻略を前にして、全軍に対し「南京は中国の首都である。これが攻略は世界的事件であるゆえに、慎重に研究して日本の名誉を一層発揮し、中国民衆の信頼を増すようにせよ。……でき得るかぎり一般居留民ならびに中国民衆を紛争に巻き込まざるようつねに留意し、誤解を避けるため外国出先当局と密接なる連絡を保持せよ」と詳細なる訓令を出した。塚田参謀長ほか六名の参謀は右の訓令を全軍に伝えた。

一、前記の訓令と同時に「南京城の攻略および入城に関する注意事項」が伝達された。それには軍規風紀の厳正を伝え、外国の権益を侵した者、掠奪行為や火を失する者は厳重に処罰すべしと命じた。

一、十二月十二日南京は陥落し、病気中の松井大将は十二月十七日に入城した。そして軍規風紀に違反のあった旨の報告を受けた。

一、そこで松井大将は、軍規風紀に違反した第十軍を蕪湖《ウーフー》方面に引き返させ、南京警備のため第十六師団のみを残留させた。そしてさらに、先の命令の厳重なる実施を命じた。

一、みずから上海に引き揚げた松井大将は、南京警備のために残した部隊に不法行為のあることを聞き、三度、軍規風紀の粛正ならびに違反者の厳罰、損害の賠償を訓令した。

「かように措置された松井大将の手段は効力がなかった。しかし、いずれにしてもこれらの手段は不誠意であったという示唆にはならない。本件に関連し、松井被告が法的責任を故意かつ不法に無視したと見なすことはできない。検察側は、処罰の数が不十分であったことに重点を置いているが、方面軍には違反者を処罰することを任務とする係官も法務部も配置されていなかった」と具体的に無罪の根拠を明らかにしている。

松井大将もこれで初めて晏如《あんじょ》として地下に眠ることができよう。

筆者は一九二三年（昭和八年）から筆者が応召する一九三二年（昭和十七年）十二月まで、約十年間を、民間人として松井大将のもとで働いた。あるときは松井大将に随行して、台湾、香港、中南支全域にわたり旅行をしたこともある。このとき筆者が受けた強い印象は、大将がいかに中国を愛し、中国の指導者や民族と融《と》け合っていたかということである。陸大を卒《お》えると、みずから志願して中国へ飛び込み、先輩の荒尾精《せい》（元陸軍大尉）や根津一《はじめ》（元陸軍少尉)、川上操六《ろうろく》(陸軍大将)、明石元二郎《もとじろう》(陸軍大将)らの衣鉢《いはつ》を継ぐのだといって、そのまま生涯の大部分を中国の生活に投入した軍人である。中支派遣軍司令官の任を解かれ、南京入城の凱旋《がいせん》将軍として東京に帰ったが、大将は快々《おうおう》として楽しまなかった。アジアの内乱ともいうべきこの不幸な戦争で斃《たお》れた日中両国の犠牲者を弔うために、わざわざ人を派して、最大の激戦地である大場鎮《だいじょうちん》の土をとりよせ、これで一基の観音像をつくった。これを、熱海市伊豆山の中腹にまつり「興亜《こうあ》観音」と称した。その御堂には、日中両民族が手をとり合って、観世音の御光の中に楽土を建設している壁画を何枚か掲げ、みずから堂守りとなって、そこに隠棲《いんせい》した。読経三昧《ざんまい》の静かな明け暮れであった。終戦の翌年の正月、戦犯という汚名を着せられて、大将はそこからMPに引き立てられていった。家には文子夫人一人が堂守り生活を続けていた。施無畏《せむい》の信仰に悟入《ごにゅう》した大将の二年余の獄中生活は、まことに淡々たるもので、あまりうまくない和歌や漢詩などをつくっていた。朝夕の読経は死刑執行のその日まで欠かさなかったそうである。死刑の宣告を受けてから筆者への手紙に、わが全生涯を傾けて中国を愛し、日中親善のためにつくした自分が、わが愛する中国人の恨みを買って死につくことは皮肉である。しかし、誰を恨み、何を嘆こうぞ。

これで何もかもさっぱりした。このうえは自他平等の世を念じつつ、一刻も早く眠りにつきたい、という意味の遺書がよせられた。

その夜、大将は天皇陛下万歳の音頭をとり、しっかりした足どりで、十三の階段をのぼったそうである。

つい筆がすべって余談になったが、筆者がいいたいのは、この松井大将が、どうして、中国の無辜《むこ》の民衆を大量虐殺せよなどということを「命令し、なさしめ、かつ許可する」はずがあるであろうか。このことは他の二十四名の被告に対してもいえることであろう。死者は還《かえ》らない。だが、復讐の鬼となり、あえてこれを死にいたらしめた者の心は永久に癒えないであろう。

原子爆弾の投下を命じた者

もちろんパール博士は、海外における日本軍隊の残虐行為や非人道的行為が皆無であるなどといっているのではない。「よしんばこれらの事実が検察側の主張どおりではないにしても、また証拠がいかに不満足なものであろうとも、ここに示された非人道的行為の多くのものは、実際に行なわれたであろうことは否定できない」と、その事実を認めている。「しかしながら」とパール博士はいう。「これらの、恐るべき残虐行為を犯したかもしれない人物は、この法廷には現れていない。その中で生きて逮捕された者の多くは、おのれの非行に対して、すでにみずからの生命をその代価として支払わされている。かような罪人が、各地の裁判所で裁かれ、断罪された者の長い名簿が、幾通か検察側からわれわれに示されている。このような断罪に服した罪人の表が、長文にわたっているということ自体が、すべてかような暴行の容疑者に対して、どこにおいても決して、あやまった酌量《しゃくりょう》がなされなかったということについて、十分な保証を与えてくれるものである。しかしながら、現在われわれが考慮しているのは、これらの残虐行為の遂行に、なんら参加していない人びとに対する問題である」

すでに残虐行為を犯したかどにより、おびただしい数にのぼる日本の軍人、軍属が、その直接の上官とともに、戦勝国の厳重なる裁判にかけられ、処断されている。その中には罪なくして処刑された者、あるいはささいな罪にもかかわらず、不公正な裁判によって重罪を負わされた者など、数限りなくいたであろう。現に、この裁判の当時、巣鴨プリズンに抑留されているBC級戦犯をはじめ、シベリアに中国にシンガポールにオーストラリアにビルマに……各地の拘置所を満たしている日本軍人および軍属の数は実におびただしく、処刑において決して不十分であったなどとはいえない。だがしかし、これらの事件と東京裁判とは、いったいどういう関係があるというのだろうか。パール博士は「われわれは冷静に、果たしてこれらの罪が、われわれの裁いている被告らに及ぶものであるかどうかを見きわめる必要がある」と述べている。

すなわち、ここにいる二十五名の被告らが、ある特定の個人または軍隊に対して、残虐行為を命令し、授権し、許可したときにおいてのみ、その罪は彼らに及ぶのである。果たして二十五名の被告において、そのような事実があったかどうか。博士は、そのような事実を裏づける証拠も材料も記録も全くない、この点において、ナチ・ドイツの指導者が犯したがごとき重大な犯罪とは全然違うとして、つぎのごとく述べている。

「本官がすでに指摘したように、ニュルンベルグ裁判では、あのような無謀にして残忍な方法で、戦争を遂行することが彼らの政策であったことを示すような、重大な戦争犯罪人から発せられた多くの命令、通牒および指令が、証拠として提出されたのである」。しかるに東京裁判においては、そのような証拠は何一つ提示されていない。ナチの指導者と日本の指導者を同一視したところに、東京裁判の大きなあやまりの一つがある。

そこでパール博士は、語調をあらためてこう述べているのである。

「われわれは第一次欧州大戦中、ドイツ皇帝がかような指令を発して罪に問われたことを知っている。ドイツ皇帝ウイルヘルム二世は、かの戦争の初期に、オーストリア皇帝フランツ・ジョゼフにあてて、つぎのような旨の書簡を送ったと称せられている。すなわち、『予は断腸の思いである。しかしすべては、火と剣のいけにえとされなければならない。老若男女を問わず殺戮し、一本の木でも、一軒の家でも立っていることを許してはならない。フランス人のような堕落した国民に対し、ただ一つ、かような暴虐をもってすれば、戦争は二カ月で終焉《しゅうえん》するであろう。ところが、もし予が人道を考慮することを容認すれば、戦争は幾年間も長びくであろう。したがって予は、みずからの嫌悪の念をも押し切って、前者の方法を選ぶことを余儀なくされたのである』

これは彼の残忍な政策を示したものであり、戦争を短期に終わらせるための、この無差別殺人の政策は、明らかに重大なる犯罪行為である。

われわれの考察のもとにある太平洋戦争において、もし前述のドイツ皇帝の書簡に示されていることに近いものがあるとするならば、それはアメリカの指導者によってなされた原子爆弾使用の決定である。この悲惨な決定に対する判決は、後世が下すであろう」

第一次大戦において、無差別殺人を命令したウイルヘルム二世は、国際法の違反と人道上の罪によって戦争犯罪人に指名された。ナチの指導者によるユダヤ人の大量虐殺は、ニュルンベルグ裁判において処断された。一瞬にして老若男女の差別なく、幾十万の非戦闘員を殺戮し、一本の木、一軒の家も立っていることを許さない原子爆弾の投下を命令し、授権し、許可した者に対する処断はいったいどうするのか。ウエッブ裁判長は、この裁判は敗戦国日本を裁く裁判で、連合国側の責任に関する問題は一切取り上げないとし、このような人道上の重大問題を含めて、弁護人側のいい分はすべて却下された。この不公正なる裁判に対して、パール博士は沈痛なる怒りをこめて、つぎのように述べている。

「かような新兵器の使用に対する世人の感情の激発というものが不合理なものであり、たんに感傷的なものといえるかどうか。また国民全体の戦争遂行の意志を粉砕することをもって勝利を得る手段として行なった無差別殺戮が、法にかなったものであるかどうか。本裁判ではこれを却下しているが、これは第二次大戦を通じての最大の課題である。否、この原子爆弾の出現は、将来の人類の運命に関連する非常に重大な問題を含んでいる。国際軍事裁判と銘うったこの裁判において、これを取り上げないというなら、その判決は、歴史が下す以外にないであろう。原子爆弾は、戦争の性質および軍事目的遂行のための合法的手段に対する根本的な変化をもたらしたものとして、人類はこれを銘記すべきであろう」

「もし非戦闘員の生命財産の無差別破壊というものが、いまだに戦争において違法であるならば、太平洋戦争においてはこの原子爆弾使用の決定が、第一次世界大戦中におけるドイツ皇帝の指令、および第二次世界大戦中におけるナチ指導者たちの指令に近似した唯一のものであることを示すだけで十分である。このようなものを、現在の被告の所為《しょい》の中には見出すことはでき得ない」

パール博士は、広島における世界連邦アジア会議で、つぎのごとく提言している。

「いったいあの場合、アメリカは原子爆弾を投下すべき何の理由があったであろうか。日本はすでに降伏すべき用意ができていた。ヒロシマに原子爆弾が投下される二カ月前から、ソビエトを通じて降伏の交渉を進める用意をしていたのである。当時日本は、連合国との戦いにおいて敗北したということは明白にわかっていた。彼らはそのことを十分知っていたにもかかわらず、実に悲惨なる破壊力をもつところの原爆を、あえて投下したのである。しかもこれは一種の実験としてである。われわれはそこに、いろいろな事情を汲《く》みとることができないでもない。しかしながら、これを投下したところの国から、いまだかつて真実味のある懺悔《ざんげ》のことばを聞いたことがない。これからの世界の平和を語るうえにおいて、そのような冷酷な態度が許されていいものだろうか。

この原爆投下について、これまでアメリカはいろいろと弁明しているが、その説明あるいは口実はどのようなものであったか。われわれはこれを十分考えてみる必要がある。原爆を投下するということは、男女の別なく、戦闘員と非戦闘員の別なく、無差別に人を殺すということである。しかも、もっとも残虐なる形においての大量殺人である。瞬間的な殺人であるばかりでなく、放射能による後遺症は徐々に人体をむしばみ、戦争が終わってからのちも多数の市民が次から次へと倒れ、あるいは悪性な遺伝子に悩まされている。生きながら地獄の苦痛にあえいでいる善良なる市民が、今日なお巷《ちまた》にあふれているのである。

しかしながら、彼らの原爆投下の説明、あるいは口実は何であるか。『もしもこれを投下しなかったならば、幾千人かの白人の兵隊が犠牲にならなければならなかったろう……』。これがその説明である。われわれはこの説明を聞いて満足することができるであろうか。いったい、幾千人の軍人の生命を救う代償として、罪のない老人や子供や婦人を、あるいは一般の平和的生活を営む市民を、幾万人幾十万人も殺していいというのだろうか。その家や財産とともに、市街の全部を灰にしてもいいというのだろうか。このような空々しい説明や口実がなされたということそれ自体、この説明で満足する人びとが、彼らの中に多数いることを証明するものである。こんな説明で満足しているような人びとによって、人道主義だとか、平和だとかいうような言葉がもてあそばれていることを、われわれは深く悲しむものである。われわれはこうした手合いと、二度とふたたび人道や平和について語りたくはない」（拙著『平和の宣言』一四〜一五ページ）

執念深い報復の追跡

パール博士は極東国際軍事裁判における判決文の中で、いったい何を訴えんとしているのか。端的にこのことを知るために、私は博士がこの判決文の最後に記述した「第七部勧告」の一章について述べてみたい。

この勧告文は、格調高い非常な名文章で、博士の平和と人道に対する崇高なる理想が光《こう》耀《よう》を放っている。

たしかにこの勧告文は、勝利におごり、権力の無制限なる行使によって、あえて真実をねじ曲げ、法の名に隠れて、卑劣・野蛮な復讐心を満足せんとする、連合国の指導者たちに向かってなされた頂門《ちょうもん》の一針であると同時に、法の真理とは何か、将来の人類の生きる道は何であるか、われわれが希求する平和とはいかなるものであるかを説いた警世《けいせい》の書ともいえよう。

マッカーサー司令部および連合国政府は、この判決文が、日本人の目に触れることを極度に恐れた。なぜなら、それは、〝真理の声〟であるからだ。真理は決して滅び去るものではない。東京裁判は、ついにパール判事一人に名をなさしめた、といわれている。東京裁判にただ一人のパールがいたことを、世界の歴史はこれを記録にとどめるであろう。断罪に服した七人の被告たちも、博士一人の存在によって、初めて晏如《あんじょ》として眼を閉じることができたのではなかろうか。

「以上述べてきた理由にもとづいて、本官は、各被告はすべて起訴状中の各起訴事実全部につき、無罪と決定されなければならず、またこれらの起訴事実の全部から免除されるべきであると強く主張するものである」

これが勧告文の冒頭のことばである。

この裁判を正当化するための唯一の法的根拠は、ナポレオン・ボナパルトの事例と一九〇七年のハーグ条約の四十三条によるものであるとされている。ナポレオン拘禁の事例は、この時代においてさえ、この措置をとった者は、彼らの属する国家の立法府から得たある権限を具備することが必要とされた。ジョージ三世治世第五十六年度法律第二十二、二十三号は、この権限を付与するために制定されたものであった。さらにナポレオンは、当時フランスの統治権を簒奪《さんだつ》しており、フランスそのものは連合国の敵とされてはいなかった。それはヒトラー一派が、ドイツの立憲政治を完全に窒息させ、すべての権力を簒奪していたのと同様の状態であった、と説明したのち、博士はつぎのように述べている。

「本件の被告の場合は、ナポレオンやヒトラーのいずれの場合ともいかなる点でも同一視することはできない。日本の憲法は完全に機能を発揮していた。元首、陸海軍および文官は、すべての国家と同様、常態を逸しないで相互関係を維持していた。国家の憲法は、社会の意思との関係においては従来と同様の形のまま存続した。輿論《よろん》は活発であった。社会はその意思を効果的にするための手段を少しも奪われていなかった。これらの被告は憲法に従い、また憲法によって規定された機構を運営するためにだけ、権力ある地位についたのであった。……今次行なわれた戦争はまさに日本という国の戦いであった。これらの人びとはなんら権力を簒奪したものではなく、たしかに彼らは連合国と戦っていた日本軍の一部として、国際的に承認された日本国の機構を運営していたにすぎなかったのである」

それでは一九〇七年のハーグ条約四十三条の規定は、果たしてこの裁判を正当化するものであろうか。この条約というのは「国の権力が事実上占領者の手に移りたるうえは、占領者は絶対的の支障なきかぎり、占領地の現行法律を尊重して、なるべく公共の秩序および生活を回復確保するため施し得べき一切の手段をつくすべし」と規定している。明らかにこの規定は、交戦中に領土が敵軍に占領された場合を指すものである。そしてこの条約文中のどこにも、戦争は犯罪行為であり、かつ個人犯罪であって、これを処罰する法律を、勝手に戦勝国がつくることができるなどとは書いていない。また、敗戦国の政府を構成した人間を捕らえ、これを裁判し、断罪することができるなどとは書いておらず、またこのような解釈をかりそめにもすることは許されていない。

博士は、このように述べたのちに、第二次大戦後に、連合国によってつくられた国際連合憲章に言及している。すなわち、「もっとも新しい国連憲章でさえも、個人に対する戦争刑罰は考えていないではないか」とつぎのように述べている。

「国際連合憲章は、連合国各人民によって、明白に『戦争の惨禍より次代を救う』ために発布されたものであって、『国際連合の目的』は『国際の平和および安全を維持すること、およびこれがため、左の措置をとること、すなわち平和に対する脅威の防止および除去のため、ならびに侵略または他の平和破壊行為の鎮圧のため集団措置をとること……』であると明確に声明したものであるが、このように、今次大戦のあとでさえ、国際連合憲章が、違反国の個々の国民に対して処罰するような措置はとっていないことを知るべきである」

博士によれば、ともかく、この裁判は、「法律的外貌《がいぼう》はまとってはいるが、本質的には、ある目的を達成するための政治的裁判」にすぎない。たんに「執念深い報復の追跡を長びかせるために」法律の名を借り、文明とか人道とかいう美名に隠れて、権力を行使するなどということは、国際正義の上からいって許しがたいことである。

「戦勝国は、戦敗国に対して、憐憫《れんびん》から復讐まで、どんなものでも施し得る立場にある。しかし戦勝国が戦敗国に与えることのできない一つのものは〝正義〟である。少なくとも、もし裁判所が法に反し、政治に根ざすものであるならば、その形や体裁はどうつくろっても、正当な裁判とはいえない」。われわれのいう〝正義〟とは「実は強者のための利益にほかならない」というような正義であってはならないのである。

博士の語調はきわめて厳しい。

結局、この裁判は、〝法〟にもとづくものでもなく、〝正義〟に根ざすものでもなく、要するに政治的・政策的なものであったという、きわめて割り切った、かつ峻厳《しゅんげん》な判定を下しているのである。

賞罰はそのところを変えよう

この勧告文の主眼点はつぎの点にある。

たとえこの裁判が、〝政治に根ざす〟ものであったとしても、それが将来の世界の平和のために役立つものであるならば、すなわち、この大がかりな国際軍事裁判が、世界の秩序と安全に対する将来の脅威を防止するためになんらかの役割を演じたとするならば、それはそれなりに意義のある裁判であった。だが、遺憾ながらその片鱗《へんりん》さえも探ることができなかった。

「万一、本裁判所が、かような政治問題——世界の平和と安全の問題——を決定することを求められているのだったとすれば、審理全体は、全然異なった様相をとったであろうし、また本裁判所の取り調べの範囲も、いままで裁判所の許したものより、はるかに広汎なものとなり、その意義は大きかったであろう」

そして、実は、ここでほんとうに究明されなければならなかったのは、この問題でなければならなかったはずである。すなわち、人類は今世紀にはいって二回も世界戦争を繰返したが、その本質的な原因は何であったか。「公の秩序と安全」がつねに脅かされている。われわれはこれに対する将来の脅威をいかに防止するか、こうした問題が徹底的に究明されなければならなかったはずである。

しかるに本裁判において「かような将来の脅威を判断する資料」は絶無であった。また

「検察側も弁護側も、この点に関する証拠提出は、絶対に要求されなかった」。真に世界の平和と安全を保障する途《みち》は何であるか。これを脅かすものは何であるか。この脅威からのがれるためには、世界は将来どうあるべきか。このような重大なる問題に対する「証明すべき事実」は、なんら提示されなかったのである。

そこで博士は言葉をあらため、詠嘆をこめて、こういう意味のことを勧告している。

たしかにナチの侵略者たちはことごとく葬り去られたであろう。いままた、日本の共同謀議者たちは獄屋につながれている。日独の軍国主義は根こそぎ葬り去ったはずである。にもかかわらず、果たして戦争の脅威は、この地上から拭い去ることができたであろうか。むしろ逆である。「世界の状態が、われわれ人類の理想と利益を、今日ほど脅かしていることは、史上かつてない」といわれている。まさしく人類は、第三次大戦の不安におびえている。いったいこれはどうしたことだろうか。日独を〝平和の敵〟として、〝文明の名〟によって裁いた連合国同士が、まだこの裁きが終わらない間に、戦争の不安を世界に撒《ま》きちらしているという事実を、われわれはどう理解したらいいのだろうか。「激化しつつある米ソの対立、この憂鬱なる事態の姿は、ナチ体制の、高圧的な計画的行動の再版である」

とさえいわれている。こうした愚かな繰り返しに対して、この軍事裁判はどれだけ役立ったというのであろうか、と。

まさしく博士のいうとおりである。当時、連合国の判事たちは、戦争に勝ち誇った自国の国旗を背景にして、ずらりと雛壇《ひなだん》に並び、平和とか人道とか文明とかいう名のもとに敗戦国を裁いたのであるが、すでにその裁判の途中から仲間割れを演じ始め、復讐裁判にプラス国家エゴイズムの醜悪なる陰謀が渦を巻いていたのである。それから、〝冷戦状態〟はますます激化するばかりであった。博士はこれを静かな眼で見通していたのである。

史上かつてない不安が人類の上を閉ざしている。数千年来にわたって築きあげてきた人類の文明は、一瞬にして壊滅するかもしれない、という恐怖の感情を抱きながら、世界は戦争の不安の前におびえている。東京裁判で唱えられたような、「文明を原告」とする「平和に対する罪」とか「人道に対する罪」とかが、ほんとうに価値と意義を持つとするならば、今日の事態をおいてほかにないだろう。われわれ人類は、今日の悲劇的なる事態に直面して、いったい誰に向かって、訴えたらいいのか。平和を脅かしている者は誰か。人間の尊厳を虫けらのように蹂躙《じゅうりん》して顧みない者は誰か。一瞬にして文明を破壊せんとする者は誰か。こうした恐るべき現実に直面しながら、遺憾ながら人類はこれに対して、提訴し、裁判し、処罰する術《すべ》を持っていないのである。東京裁判はこれに対して、なんら貢献をしなかったのみか、このことを示唆することもしなかった。

パール博士はつぎのように勧告している。

「われわれは、いままで慣れてきた考え方を急速に変えなければならない。かつてその必要のあった場合より、もっとはるかに急速に変えねばならない。われわれは、組織的に、一切の戦争の主要原因を縮小し、排除することを始めねばならない」

博士のいう戦争の主要原因とは、昔からいい古されている「一国産業の潜在的戦争力」などという種類のものではない。

「われわれは、つぎのことの理解を忘れてはならない。すなわち、現在の問題は、原則的に新しい種類の問題である。それはたんに、一国の問題が世界的関連をもつというだけではない。世界の問題であり、人道の問題であることは、議論の余地もないのである」

「これらの大問題は、一九一四年（第一次大戦）以降われわれを悩ました問題が、もっと複雑になって再現したものにすぎない、という考えでこの問題に取り組むことを、われわれはやめなければならない」
つまり、国際社会においていままで考えられてきた、政治・外交・軍事・経済の諸問題を、根本的に考え直す必要に迫られているというのである。すなわち「原子爆弾の意味するもの」は、その必要を人類に迫っている。もしわれわれが、旧観念にとらわれて、この原子力時代という新しい「現在の問題」に取り組むことを怠ったならば、人類は全面的破滅の運命をたどらざるを得ないであろうということを、博士は早くもこの東京裁判で警告しているのである。

　原子爆弾の出現ということが、われわれ人類の将来の運命にとって、何を意味するか。文明の名において裁いた東京裁判が、少しもこの認識に立ってものを考えようともせず、また、人類の大命題ともいうべきこの問題に取り組もうという気構えの片鱗すら見られなかったことに対して、博士は憤りの感情を静かに耐えてこう述べているのである。

「地上の各人民が、平和と正義の中に生き得る方法を、思慮ある人びとに探求させることを怠らせてはならない。がしかし、敗戦国の指導者らの裁判と、その処罰の中に示された一連の行動には、上述の原子爆弾の意味するものをよく認識しているという印は、全然見られないのである」

「憎むべき敵の指導者の裁判を注視することによって起こされた熱狂した感情は、〝世界連邦〟の根本条件を考慮する余地をほとんど残さなかった」「一つのささいなこと、すなわち、裁判があまり強調されることによって、平和の真の条件に対する民衆の理解は増進することなく、むしろかえって混乱させられた……」と慨嘆する。

博士はここで、「世界連邦」ということばを使い、平和の真の条件が、究極において世界連邦である旨を説いている。世界は本論中のいたるところで述べているように、国家主権を最高絶対のものとし、各国それぞれに武力保有を許し、あらゆる戦争準備や戦争教育、戦争体制とともに、それの無制限な行使を容認しているような、いまの国際無政府状態の国際無法社会においては、戦争を防止し、もしくは戦争を犯罪なりとして裁くことは絶対にできない。現在の国際法は、前提として戦争行為を認めたうえで、その些末《さまつ》な方法について禁止条項を設けているにすぎない。戦争そのものを廃絶するためには、どうしても世界を一つの法治共同体にする必要がある。少なくとも現在の国際連合や国際法を、そうした方向に発展せしめることが緊要である。

ところが、東京裁判を通じて、このような議論は全く聞かれなかった。それのみか、熱狂した復讐心理の満足を得るために、日本弱体化の占領政策の宣伝効果のみを意識しながら、真の平和の条件が何であるかというような、いちばん大事な根本問題については、この東京裁判においてついに一言も聞くことができなかった。

博士はこういっている。戦勝国が敗戦国のうちひしがれた国民に対して、平和の尊さを教育し、世界平和の真の条件について、考慮を促し、その理解を深めることは容易なはずである。また戦勝国同士が、戦争の惨禍の生々しい体験から、恒久平和に関する世界法の制定を呼びかけ、なんらかの取り決めに到達せしめることも困難ではなかったはずである。ところが連合国の態度は、その逆であった。

「人心が動揺している（終戦直後という）艱難辛苦《かんなんしんく》の時代においては、あらゆる弊害の源泉として、虚偽の原因を指摘し、それによって、その弊害がすべてこれらの原因に帰することを説得することによって、人心をあやまらせることのきわめて容易であることは、実に誰しも経験しているところである。このようにして、人心を支配しようと欲する者にとっては、いまこそ絶好の時機である。復讐の手段に、弊害の本質から見て、それ以外に解決はないという外貌（予備知識）を与えて、この復讐の手段を大衆の耳にささやくには、現在ほど適当なときはほかにない。いずれにしても、司法裁判所たるものは、かような妄想に手を貸すべきではない」

結局、東京裁判は、この卑劣なる妄想に手を貸し、マッカーサーの占領政策の道具に使われたにすぎなかったのではないか。

そこで博士は、連合国の指導者、戦勝国の国民に向かってつぎのように勧告している。

「世界は真に、寛大な雅量と理解ある慈悲心とを必要としている。純真な憂慮に満ちた心に生ずる真の問題は、人類が急速に成長して、文明と悲惨との競争に勝つことができるかどうかということである」

「感情的な一般論の言葉を用いた検察側の演説口調は、教育的というよりはむしろ興行的なものであった。おそらく、敗戦国の指導者だけに責任があったのではないという可能性を、本裁判所は全く無視してはならない。敗戦国指導者の罪は、たんにおそらく、妄想にもとづいた彼らの誤解にすぎなかったかもしれない。

かような妄想は、自己中心のものにすぎなかったかもしれない。しかし、そのような自己中心の妄想であるとしても、かような妄想は、いたるところの人心深くに滲《し》みこんでしまった、という事実を、看過することはできない」

いうまでもなく、かような妄想のいちばんの被害者は日本国民であった。日本国民はこの妄想からいまだに脱却しきれないでいる。いまだに占領政策の精神的虜《とりこ》となっている。しかし、戦争裁判は連合国のとりかえしのつかない錯誤であったという反省は、むしろ日本国民ではなしに、世界の法律家の間から世界的世論へと広まりつつあることは、第四部で述べるとおりである。

まさしく、パール博士のつぎの予言のとおりである。博士はこの勧告文の最後を、印象的なことばでこう結んでいる。

「時が熱狂と偏見をやわらげたあかつきには、また理性が虚偽からその仮面を剥《は》ぎとったあかつきには、そのときこそ、正義の女神は、その秤《はかり》を平衡に保ちながら、過去の賞罰の多くに、そのところを変えることを要求するだろう」

第四部

東京裁判のもたらしたもの

——国際論争と戦後日本人の意識

国際法学界に光を増すパール判決

博士が三年間の日子《にっし》を費やし、心血をそそいだ判決文は、法廷においては公表されず、多数派の判決のみが、あたかも全判事の一致した結論であるかのように宣告された。ブレークニー弁護士は、少数派意見も法廷において公表すべきことを強硬に主張したが、容《い》れられなかった。このことは、裁判所条例を、裁判所みずからが無視した不法行為であることは、前述のとおりである。

そこでパール判決文は、未発表のまま関係者だけに配布され、それが裁判から四年間、書庫深くに埃《ほこり》をかぶったままになっていたのである。

幾人かがこれの出版を企画したそうである。だが、そのたびにGHQは、出版は自由だが、ただし関係者の身分は保証のかぎりでない、とおどしていた。たしかに、これをあえてなすことは、マッカーサーの占領政策に対する真っ向からの挑戦である。生やさしい覚悟では手をつけることはできない。私は清瀬一郎、伊藤清両弁護士に相談し、これの刊行をもくろんだ。両弁護士の書庫深くに眠っていた、日英両文による原本を借り受け、自室二階にアルバイトを動員して、刊行作業にとりかかる一方、パール博士には書簡をもって、刊行の許可を得るとともに、発行上の手続き、内容その他について指示を受けた。作業に約一年間を要した。

太平洋出版社の鶴見祐輔《つるみゆうすけ》社長、天田幸男出版部長の励ましを受けて、『真理の裁き・パール日本無罪論』という名で世に出したのは、一九五二年（昭和二十七年）四月二十八日であった。この日は、講和条約の効力が発し、日本が晴れて独立した日である。日本の主権が、GHQの手を離れて日本政府に移譲された日である。GHQはこの出版に関して、もはや阻止する権利も、処罰する権限もないはずである。パール博士はその年の十月、下中《しもなか》弥三郎《やさぶろう》の招きで再度来日し、世界連邦アジア会議に出席し、各地で講演した。そのとき博士の要望によって、判決文全文が、やはり『日本無罪論』と銘うって、下中の主宰する日本書房から刊行された。

ところが、前にも述べたように、そのころすでに欧米の法曹界・言論界においては、このパール博士の少数意見が非常な波紋を呼んでいたのである。

まず主なるものを拾いあげてみると、一九五〇年、英国枢密院顧問官で、政界の元老であるとともに、国際法の権威であるハンキー卿が『戦犯裁判の錯誤』（Politics Trials and Errors 長谷川才次訳）を著し「裁判官パール氏の主張が、絶対に正しいことを、私は全然疑わない」とはっきり言明して、幾多の慣行法や実定法や歴史的事実とパール判決の内容とを照合しつつ、戦犯裁判そのものに根本的な疑問符を投げかけるとともに、東京裁判の不公正を衝《つ》いている。ことに、自分の親友で、自分とともにあれほど平和のために努力した重光葵《しげみつまもる》氏が、どうして処罰を受けなければならないのかという疑問を提示して、これにかなりのスペースを費やしている。

このハンキー卿の主張と前後して、英法曹界の重鎮であるF・J・P・ビール氏が『野蛮への接近』（Advance to Barbarism）という著書を著し、戦争と処刑に関する古今東西の歴史的考察を行ない、東京とニュルンベルグとにおいて行なわれた二つの裁判は、原告は〝文明〟であると僭称《せんしょう》しているが、実は、戦勝者が戦敗者に加えた野蛮時代の復讐《ふくしゅう》行為の再現にほかならないことを明らかにした。

さらにイギリスでは、国際法で有名なW・フリートマン教授、国会議員でありかつ王室弁護士であるR・T・パジェット博士などのパール支持論が優勢を占め、ついにロンドンの世界事情研究所監修『世界情勢年鑑』（一九五〇年版）には、五四ページから一〇四ページにかけて、東京裁判を解説し、パール判定が正論であることを裏づけた。

一方、アメリカでも、東京裁判に関する批判と反省の論争は活発に行なわれた。

チャールズ・ベアート博士は、歴史学・政治学の泰斗《たいと》として有名で、日本へも来たことのある人だが、『ルーズベルト大統領と一九四一年戦争の形態と実際の研究』という長い題名の著書を著し、その中で「日本が真珠湾を攻撃するより数カ月前に、ルーズベルト大統領はアメリカ軍部をして、海外駐屯軍に秘密に軍事行動を指令した」と発表し、日米開戦前夜におけるパール博士の指摘した点を裏づけた。またアメリカ最高裁のウィリアム・O・ダグラス判事は、東京裁判の被告らがなした大審院への再審査請求事件に対し、一九四九年六月意見書を発表したが、その中でパール判決を支持し、「国際軍事裁判所は政治的権力の道具以外の何ものでもなかった」と批判している。

さらにモントゴメリー・ベルジョン氏の『勝利の正義』（Victor's Justice）、フレダ・アトレイ氏の『復讐の高い代価』（The High Cost of Vengeance）といった東京裁判に関する著書が相次いで現れ、非常な売れ行きを示して、ジャーナリズムの話題をさらった。これらは、いずれも東京裁判に対する痛烈なる批判で、随所に、パール判決が引用されている。またマンレー・O・ハドソン判事は、その著『国際裁判所の過去と将来』において「政治機構に関してどのような発展が行なわれようとしているにせよ、国際法の及ぶ範囲を拡大して、国家もしくは個人の行為を不法とし、これを処罰する司法作用を包含させるには、現在はまだその時機が熟していない」と述べている。

オランダ、フランスなどにおいても、この論議が盛んに行なわれ、甲論乙駁《こうろんおつばく》、ごうごうたる激論が戦わされた。一九六一年のオランダの法律雑誌は、東京裁判に関するパール博士の論文を連載した。日本と同様に裁かれたドイツにおいて、この論争が盛んなことはもちろんで、その代表的なものは、哲学者ヤスパース[注1]の『戦争の責罪』である。彼はこの著書の中でこう述べている。

「戦争は歴史全体を通じて存在し、なお幾多の戦争が切迫しているのをどうみるか。どう考えても、一つの民族だけが、戦争の責罪を負わなければならぬ義務はないと思う。〝自分には罪がない〟などというのは、薄っぺらで、ごまかしの道徳意識だ。これこそひとりよがりというものだ。その証拠には、彼らはすでに、次の戦争の準備をし、これを促進しているではないか」

「いっそ明白なる暴力の方がましである。その方が正直で我慢しやすい。そこに存在したものは戦勝国の強権ばかりであった。それは人類の将来の平和のために、無益なばかりか、きわめて有害な存在となった」

かつて、パール博士が日本の法律家に向かって、いま世界に巻き起こっている戦犯論争に対して、なぜ沈黙を守っているのかと、奮起を促した理由がわかるような気がする。

世界の多くの権威ある国際法学者が、東京裁判の非合法性とその過誤を認めたばかりではない。この裁判を指令し、十一名の裁判官を任命して、裁判所条例までつくった最高の責任者であるマッカーサー元帥は、東京裁判から二年半ののち、解任されて帰国した。彼は朝鮮戦争を拡大して、満洲へ原子爆弾による爆撃を企図し、中国大陸への進攻を企て、アメリカの指導者を狼狽《ろうばい》せしめ、急遽《きゅうきょ》呼び戻されたのである。このとき彼の残した「老兵は死なず、消え去るのみ……」といったことばが有名である。帰国すると、彼はアメリカ上院において査問された。そのとき彼は「日本が第二次大戦に赴いたのは安全保障のためであった」と証言し、トルーマン大統領との会談においてははっきりと「東京裁判は誤りであった」と報告した旨、アメリカ政府自身が暴露的発表を行なったのである。七人の死刑囚を無罪にすることさえできた最高軍司令官としての彼がである。

それればかりではない。東京裁判の立役者であったキーナン首席検事までが、重光葵を起訴し、処罰したことのあやまりを反省し、東京裁判が感情論にすぎたことの告白を新聞記者に発表した。裁判が終わってわずか五年目のことである。

これはいったい、なんとしたことであろうか。まじめに東京裁判を謳歌《おうか》し、これを支持していた日本のインテリたちの権威はどうなるのか。利用された検事団や、判事たちの名誉はどうなるのか。それよりも、この裁判で処刑された被告たちの立場はどうなるのだろうか。いかにこの裁判が、パール博士のいう〝興行的なもの〟であったか、この一事をもってしても証明されよう。

博士はその後、東京裁判における立証の正当性と、国際法理論に対する見識が高く評価され、選ばれて国連の司法委員会の委員および議長に就任し、その要職を全うした。

注1　カール・ヤスパース（一八八三〜一九六九）　ドイツの哲学者で、実存主義哲学の代表的論者。著

書『戦争の責罪』では、民族に還元されない個人の罪について考察し、戦勝国による裁判に対しては高い要求とともに積極的な評価も行なっている。

裁判という名の狂言

東京裁判の起訴事実は、三類五十五訴因であることは前述した（「第一部」「第三部」）。これが多数意見の判決によると、「われわれは個々の被害に対する起訴事実は、つぎの訴因だけについて考慮しようとするものである」として、第一、第二十七、第二十九、第三十一、第三十二、第三十三、第三十五、第三十六、第五十四、第五十五の十の訴因のみを取り上げている。つまり、五十五の訴因は、むやみやたらと、被告たちに多くの罪を押しかぶせるため、あることないことを全部罪状として数えあげたのであるが、つまるところは、ただの十しか生かすことができなくなったのである。

もっとも広範囲に該当させせられているのは訴因第一で、これからまぬがれたのは、松井と重光の両被告のみである。その訴因第一というのは、東南アジアや西南太平洋、およびインド洋の島々を日本の支配下に置こうとする共同謀議の立案、および実行ということで、「どの時期にあっても、この犯罪的共同謀議に参加、または加担した者は、すべて訴因第一に含まれた起訴事実について有罪と認める」として、時間的な制限は考慮していない。これで松井、重光を除いて、他の二十三名を一網打尽にしたのである。

「この時期というのが、昭和三年一月一日から二十年九月二日まで、そして参加だけではなく加担したものまで含まれるのだから、この期間内における日本の指導階級のものは、片端から有罪者とすることができるわけで、ただの二十五名とは、皮肉をいえば、まことに少なすぎる数であり、松井と重光がこれから外されているのも不思議みたいなものである。

ともかく、認定はこのようにして、各訴因について制限したり、全く除外したり、またはそのまま採用したりすることであり、第十章の判定は、かくして生かされた十項目の訴因のどれとどれに、どのように該当するかを、二十五名の被告個々について判定するものである」（植松慶太著『極東国際軍事裁判』二七一ページ）

『東京裁判をさばく』の著者・瀧川政次郎《たきがわまさじろう》博士は、東京裁判を〝芝居〟であったと決めつけ、「その脚本はニュルンベルグ裁判の脚本そのままの引き写しであった」。そして、「脚本の主題は報復」、「脚本の色調は、人種的偏見」であったとし、「花形役者」の項でつぎのように述べている。

「巣鴨拘置所に収容された数百人のいわゆるA級戦犯容疑者の中には、われわれ日本人の眼から見れば、現に起訴された人びとよりも、極東国際軍事裁判所の条例に照らして、もっと情状の重い者が数名ある。検察官がそれらの人びとを起訴せずして、この二十数名を起訴したことは、東京裁判が、裁判であると考えるから解し難いが、東京裁判が芝居であることがわかれば、いかにもなるほど、とうなずける。舞台にのぼらせる俳優は、実績のある者よりも、人気のある者を選ばねばならない。巣鴨に拘置した数百名の戦犯容疑者の中から、検察官がこの被告たちを選び出した標準は、罪責の有無軽重にあらずして、東京裁判劇の舞台にのぼらせたときのスター・バリューである。東京裁判劇のテーマは、前に述べたように、復讐にあるのであるから、舞台に登場する人物は連合国民の復讐心を満足せしめ得る態《てい》の人物でなければならない。いかに実質的に戦争に協力した男であっても、それが連合国民に名を知られていないような男であれば、これを処刑してみたところで、連合国民の復讐心は満足されない。反対に、戦争や残虐行為に実際にはなんの関係もなかった男でも、連合国民にその名が知られている有名な日本人は、これを起訴して、舞台にのぼらす価値がある」(瀧川政次郎著『東京裁判をさばく』四七ページ)

いかにも奇抜な発言のようであるが、実はこれは処刑の基準についてもいえそうである。たとえば、同じ中支に派遣された松井と畑の場合、松井は訴因第五十五ただ一つだけが有罪と判定されて絞首刑となり、畑は訴因第一、第二十七、第二十九、第三十一、第三十二、第五十五の六つが有罪と判定されたが、刑は終身禁固である。広田は十の訴因のうちわずか三つが有罪とされ絞首刑となったが、同じ文官の木戸《きど》や賀屋《かや》は五つの訴因で終身禁固、東郷は同じく五つの訴因で禁固二十年、重光は六つの訴因で禁固七年、大島はただ一つの訴因が有罪と決まっただけで終身禁固……といったように、いったい何の基準をもってその罪量を決めたのか、さっぱりわからない。

およそ、あらゆる刑罰には基準があり、それが明文化されていて、裁判官はそれに準拠して判決を下すのが文明国の裁判というものであるが、東京裁判にはその基準たるべきものが初めから何もない。つまり、刑量をはかる尺度がないため、判事たちは目分量で決めるよりほかなかったのである。感情で裁いたか、それともあらかじめ刑量を決めておいて、あとからそれに結びつけた、としか思われない。

これに関して、荒木被告を担当した菅原裕《すがわらゆたか》弁護人はつぎのように書いている。

「本判決は十一人の判事全員の一致した結論ではなくして、いわゆる七人組（それぞれ単独の意見を発表したインド、フランス、オランダ、オーストラリアの各判事をのぞいた七人の判事）の手によってなされた多数判決にすぎない。……

判決は英文で堂々千二百十二頁にわたるもので、日子《にっし》を費やすこと三年、五万頁に及ぶ裁判記録の結論としては一見まことにふさわしい見事なものである。しかし詳細に検討すれば、実に奇々怪々な判決文である。広田弘毅は軍事参議官（現役の陸海軍大・中将に限る）になっており、荒木貞夫は国家総動員審議会総裁（総理大臣の兼任職）になっている。……

国家総動員審議会総裁は総理大臣の当然兼任すべきもので、初代の総裁は東条総理であったことを証拠調べの際とくに注意し、検事もそれは、荒木が文部大臣時代の国民精神総動員委員長の誤りであることを認め、裁判長もこれを了承したところであった。しかるに肝心の判決文には、依然として国家総動員審議会総裁になっているのである。

ここにおいて著者は、多数派判事によって下された判決なるものは、公判審理に関係なく、あらかじめ別途に起草され、用意されていたものでないかと疑うのである。

多数派判事は、この用意された判決原案を検討したり、修正したりすることもなく、広田軍事参議官や、荒木総理大臣のまま、いい渡したのではあるまいか。もし連合国側においてこれを否定するならば、法廷において訂正され、記録にのっている事項が、依然としてそのまま判決文にのっている奇怪な事情を釈明すべき義務があると信ずる」（菅原裕著『東京裁判の正体』一五四〜一五七ページ）

あらかじめつくられている青写真に従って、刑量を決めたのではないかという疑問を、菅原弁護人はさらに具体的ないくつかの例をあげて指摘している。

これに対して前記の植松慶太《うえまつけいた》氏も同感の意を表し、つぎのように推理している。

「なるほど、そういわれてみると、前記したように奇怪にして混沌《こんとん》たる判決の中に、一つだけ一貫しているところがある。それは、これら七被告（絞首刑になった七人）はすべて、訴因第五十四と第五十五（両方とも残虐行為関係）の双方か、あるいはどちらかの一つで、有罪とされているということだ。

重複部分を切り捨てて、一主役一舞台に整理してみると、つぎのようになる。

松井——中国、木村——ビルマ、板垣——シンガポール（イギリス）、武藤——バターン（フィリピン）、東条——真珠湾（アメリカ）、土肥原《どいはら》——満洲、広田——ソ連。

なんのことはない、これら七被告の首は、初めから米、英、中、ソ、比などへ割りあてられていたのだ。もし、七人の誰かが、松岡や永野のように、裁判の途中で死亡したりすれば、つまり配給の予定に狂いが生ずれば、彼らはたちまち代替品を充当したであろう。被告の数は多かったし、理屈はどのようにでもこじつけられたのだから……」

同胞に石を投げるな

当時、日本の新聞には、どうしたものかほんの数行をもって、「インド代表判事のみが、少数意見として全被告に無罪の判決を下し、異色あるところをみせた」程度の記事しかのらなかった。しかし、ヨーロッパ諸国においては、このパール判決がビッグ・ニュースとして紙面のトップを飾り、大々的にその内容が発表され、センセーションを巻き起こした。

そしてフレンド派などのキリスト教団体や、国際法学者や平和主義者の間に非常な共感を呼び、これらの論争が紙面を賑《にぎ》わわせた。

当時の日本の新聞や雑誌が、これを取り上げ得なかったのは、占領下の検閲制度によるものとしても、その後独立し、言論に自由すぎるほどの自由が与えられてからも、日本ではいっこうにこの問題が問題とならず、国際法まで無視した不公正なる判定を、そのまま鵜呑《うの》みにして、占領政策の宣伝を額面どおりに容認したまま今日にいたっているのは、いったいどうしたことだろうか。

裁いた側の英・米において、東京裁判の批判が盛んに行なわれたことは、一見奇異の感を抱かせるが、むしろこれは、彼らの批判精神が健全であることを意味するものであろう。ことに英国においては、法律学者や文化人の間に、激しい論争が戦わされただけでなく、その関心は一般市民にまで及んだ。たとえばロンドン・タイムズは一九五二年の六月から七月にかけて、実に約二カ月間、戦争裁判に関する論争を連載した。一九五二年といえば、すでにサンフランシスコにおける講和条約が締結され、日本の独立が認められた年である。言論の自由は回復され、東京裁判に対するどのような批判も探求も許された時代である。しかるに、日本のジャーナリズムはほとんどこれを取り上げようともせず、法律家も文化人と称する人びとも、むしろ裁判の結果を当然の帰結として受け入れ、あるいは死者に鞭《むち》打つごとく、いたずらに、過去の自分たちの指導者を責めることのみに急であった。

「われわれは失敗から学び、それを繰り返してはならぬが、後悔はなんの役にもたたぬのみか、無責任ですらある。なんとなれば、失敗を誇張する本人は生きていて、場合によっては儲《もう》けさえしているが、失敗だといわれる戦争の犠牲者は二百五、六十万人もいる。彼らは祖国を信じて悔いなく死んでいった。悲しいことだが、自己の生命を捧《ささ》げて悔いなきものをもつことこそ、生の最高の充実である。それに石を投げるような安易な利己主義者たちは恥ずべきである」（中山優「流れ」10巻8号五ページ）

自国の歴史を侮蔑《ぶべつ》し、他を責めることによって、自己の保身に汲々《きゅうきゅう》たる知識人がいかに多かったことか。

日本の独立は正式に認められながらも、当時まだ巣鴨プリズンには約八百名のBC級戦犯が幽閉されていた。その中には無実の犠牲者も少なくなかった。シベリアには〝戦犯〟という名において、幾十万という日本人が鉄鎖につながれ、重労働にあえいでいた。この人びとの九十九パーセントまでは、いったい戦犯の名に値するものであったろうか。中共治下においてもまた然《しか》りであった。これらの人びとの家族は、あの敗戦直後の廃墟《はいきょ》と窮乏の中で、どんなに耐えがたい屈辱と悲惨な生活を続けてきたことであろうか。

このいちばんの被害国である日本において、政治家も法律家も学者インテリもジャーナリストも、戦犯問題を真正面から取り上げようとはせず、むしろこれらの気の毒な同胞に、石を投げるような態度に終始していたということは、今日から考えてみても、日本民族の恥辱であると思う。

ちょうどこの年（一九五二年）パール博士は再度日本を訪れたのであるが、この悲しむべき日本の事情を看取し、大阪の弁護士会館で、法律家を前に、つぎのように訴えた。

「わたくしが皆さんにお願いしたいのは、この国の国際軍事裁判で提示された問題をもっと研究し、真に国際法を守る法律家になっていただきたいことである。しかもその直接の被害者は日本人であり、日本国家である。それに、いまなお牢獄に、シベリアに、不公正な裁判の犠牲者として多くの同胞がつながれ、その家族は悲嘆にくれている。皆さんの兄弟や子孫は、戦犯者としての烙印《らくいん》を押され、いわれなき罪悪にひしがれている。

こうした中にあって、法律の番人であり、法律を守ることを職業とし使命としている皆さんが、国際法の論争に無関心であるということは、わたくしには信ぜられないことである。どうかプライドをもって、堂々とこの論争の中に加わっていただきたい。法の真理を守る法律家になっていただきたい」

「日本とドイツに起きたこの二つの国際軍事裁判を、他の国の法律学者が、このように重大問題として真剣に取り上げているのに、肝心の日本において、これがいっこうに問題視されないということはどうしたことか。これは敗戦の副産物ではないかと思う。すなわち一つの戦争の破壊があまりにも悲惨で、打撃が大きかったために、生活そのものに追われて思考の余地を失ったこと、二つにはアメリカの巧妙なる占領政策と、戦時宣伝、心理作戦に災いされて、過去の一切があやまりであったという罪悪感に陥り、バックボーンを抜かれて無気力になってしまったことである」

「日本は独立して、ふたたび国際社会の一員となった。今後アジアにおける信頼ある国家として非常な期待がかけられている。にもかかわらず、こういう世界の平和と運命に関連する大事な問題に対して、日本の法律家が無関心であるということは、なんとしても残念なことである。わたくしは日本の今後の国民生活、ことに精神生活の面において、東京裁判の内容とその影響というものが、非常に大きな作用をなすものと考えている」

「世界はいま動揺している。非常なる混乱期にある。一つの法律がその翌日には放棄されて顧みられないといった世相である。どうか、この混乱、動揺した世界情勢の中にあって、国際法の問題をもっと深く研究し、それに対する名判決を下されるようお願いしたい。少なくとも日本の青年をして、その方途をあやまらしめることなく、この世界の混乱動揺期に、一つの明確なる指針を与えてくださるよう心からお願いしたい」（以上、拙著『平和の宣言』五二～五九ページ）

切々として、博士が日本の法律家に訴えたこのことばは、そのまま、現在の時点においても十分傾聴に値しよう。

占領政策の一環

われわれは冷静な理性をもって、東京裁判をもう一度見直す必要がある。

戦後、日本の経済復興は世界の驚異とまでいわれ、すでに戦前をしのいで、目覚ましい発展をとげつつある。だが、他の分野、たとえば、政治・社会・倫理・教育の領域はどうだろうか。とても正気とは思われないような混沌《こんとん》と頽廃《たいはい》が渦を巻いている。いったい、その病気はどこに根ざしているのだろうか。私は、その病気のすべてとはいわないまでも、その重要な一つとして、アメリカの占領政策の影響を数えねばならぬと思う。

東京裁判は、明らかに一つのねらいをもったデモンストレーションであり、ショウであったといわれている。そのねらいというのは、占領政策の宣伝効果ということである。そしてその宣伝効果は見事に成功を収め、その影響は今日に及んでいるのである。

パール博士のことばを借りていえば、「この裁判所は、法律執行機関としての裁判所ではなくして、権力の表示としての政治機関」であった。すなわち「この裁判は、法律的外貌《がいぼう》はまとってはいるが、実は、ある政治目的を達成するために設置されたもので、それは占領政策の宣伝効果をねらった〝興行〟以外の何ものでもなかった」のである。

旧日本軍の参謀本部のあった東京・市ケ谷台を舞台に、二年八カ月の日子と、約二十七億円の経費（日本政府の負担した駐屯軍費用中の裁判経費）を費やして、七人の絞首刑と、十六人の終身刑と、二人の有期刑の判決、および二人の病死と一人の精神障害者を出したこの大がかりな〝興行〟は、当時の自信喪失、虚脱状態にあった日本国民の心をとらえるには好適なものであった。

「この裁判の最中に、毎日流されていった法廷記事なるものは、半分は嘘であった。司令部が新聞を指導し、いかにも日本が悪かったのだ、日本軍人は残虐行為ばかりをしておったのだと、日本国内はむろんのこと、世界のすずみにまで宣伝した。しかもわが方としては、これに対抗する手段は封ぜられていた。判決は下されても、判決批判は一切禁ぜられていた」

清瀬一郎弁護士はそう慷慨《こうがい》し、さらにつぎのように述べている。

「それゆえ、世間では、日本の旧軍人は、戦時中敵国俘虜《ふりょ》の虐待や、婦女の凌辱《りょうじょく》ばかりしておったのかしら、日本政府は強盗やギャングのような侵略戦争の共同謀議ばかりしておったらしい、マッカーサーは偉い、マッカーサーのおかげで天皇陛下は戦犯ともせられず、お助かりになったのだ、というような感想を国内に生みつけてしまった。ほんとうは、かかる感想は大いにあやまっておるのだが、しかしこれが誤解だとばかりいっても、それだけでは、今では世間は信用しない」（菅原裕著『東京裁判の正体』序文）

悪いことに、権力追随の事大主義的ジャーナリズムが、これを日夜煽《あお》りたてた。戦時中軍閥の意のままに操縦されたと同じように、占領軍の意のままに操られたのである。〝真相はこうだ〟という放送は毎夜続いた。昨日まで軍部に迎合していたいわゆる文化人も官僚も、たちまち豹変《ひょうへん》して、占領政策を謳歌《おうか》し、軍部の悪口を並べたてた。〝挙世滔々《きょせいとうとう》〟ということばがあるが、まさしく世をあげて、流れる大河のごとく、日本の伝統や権威までも抹殺して、占領政策の片棒を担いだのである。ことに日本の教育は根底からくつがえされ、歴史や道徳は教えることさえ禁じられた。国語や理科の教科書までが、墨で塗りつぶされたばかりか、教育制度そのものまでが改編させられてしまった。その影響が、今日、なお尾を引いているのは、むしろ当然といわねばならぬ。

安保闘争も基地反対闘争も結構である。だが、このアメリカ占領軍が、傍若無人に撒《ま》きちらし、生み落とした占領政策の病原を除去することなくしては、健康な日本を回復することは困難である。基地は沖縄や砂川[注2]にばかりあるのではなく、むしろお互いの心の中に巣くう占領政策の残りかす——ことに青少年に及ぼしつつある恐るべき影響の中にこそ、最大のものがあることを自覚すべきであろう。

東京裁判を中心とするアメリカ占領政策の根こそぎの掃除なくして、いかに〝人づくり〟

〝国づくり〟を口にしたところで、所詮《しょせん》は無駄であることを知るべきであろう。

注1　東京都北多摩郡砂川町（現・立川市）。一九五五〜六〇年、在日米軍立川飛行場の拡張をめぐって激しい住民運動が繰り広げられた（砂川闘争）。立川基地は七七年に返還。

民族の劣性への転落

敗戦後、日本人が民族的自尊心を失い、卑屈になり、劣等感に陥ってしまったことは、否定できない事実である。敗戦を通じて、過去の日本のあやまりや失敗を正しく反省することは、当然なことであり、それは正しいことである。だが、不当なる劣等感に陥り、あやまった罪悪感を抱くということは行き過ぎである。自分が罪を犯したという意識をもてば、卑屈にならざるを得ない。この意識をことさらに煽りたて、事実までねじ曲げて、過去の日本のすべてを罪悪であると決めつけたのが東京裁判である。

たしかに、アメリカの占領政策は、日本国民を骨抜きにしようということが、その大きなねらいの一つであった。権力や法律に弱い日本人の習性と相まって、軍事裁判というい かめしい外貌をまといつつ行なったこの占領政策は、日本民族の弱体化に百パーセントの効果を収めることに成功したのである。日本人の精神生活に烙印したこの根深い爪痕《つめあと》は、終戦後今日にいたるまで、毒素のごとく、日本人の体内に残存し、これがいろいろな形をとって発酵しているのが、現在の日本の姿であるといえよう。前述の日本社会のはなはだしい歪《ゆが》みや、アンバランスも、その源をここに発しているといっても過言ではなかろう。

当時アメリカは、東京裁判の被告は、A級戦犯の二十八名ではなくして、日本国民全体であると公言していた。事実、幾万人というB・C級戦犯はもとより、日本の指導的立場にあった幾十万の人びとが、戦犯の名によって追放処分を受けた。そして残念なことに、日本国民のほとんど全部が、この占領軍の裁きを当然の処置として受け入れ、戦争に協力した罪を互いになすり合った。同胞間の醜い罪のなすり合いと、密告、讒訴《ざんそ》が横行した。国家・民族への忠誠心こそ、最高の道徳であると信じていた日本国民は、これがとんでもない間違いであったという宣告を受けるや、自分たちはいかに非国民的であったかということを公然と誇るようになり、ことさらに国を恨み、同胞を悪《あ》しざまにののしり始めた。

日本人として生まれたことは恥辱であるとさえ信じるようになった。価値は完全に逆転したのである。

多くの国民は、満洲事変はもちろん、日清戦争や日露戦争まで、すべて日本の「侵略戦争」であったと信じ込むようになった。いまなお学校ではそのような教育を行なっている。また、太平洋戦争は、アメリカやイギリスの民主主義と日本の帝国主義との戦いであって、日本が悪かったのだと頭から決めてかかっている。すなわち日本は、明治このかた、世界に顔向けできないような、侵略戦争という罪悪を積み重ねてのしあがった国であるという迷信を、骨の髄までたたき込んだのが、この東京裁判である。これを多くの日本人は、平和と人道による正しい裁判である、と妄信した。そして日本人はすべて、この断罪に服することによってのみ更生することができると信ずるようになり、〝一億総懺悔《そうざんげ》〟というようなことばが、まことしやかに唱導され、国民はこれに服したのである。誇張していえば、日本民族あげて、前科者、または犯罪者として、見えざる捕縄につながれたのである。

このような過度の罪悪感や劣等感は当然の帰結として、日本国民の人間性を極度に卑屈にしてしまった。希望も理想もない、虚脱された、長いものに巻かれろ式の人間像ができあがってしまった。パンパンとはみずからの貞操を売って外国人に生活を依存する、不幸なる女性を指すことばだが、戦後日本の政治・経済・文化そのものが、パンパン政治であり、パンパン経済であり、パンパン文化であった。その影響は今日に及んでいる。

敗戦によって、日本に民主主義がもたらされたといわれる。人間性の解放とか、民主主義の発達とか、そのことばは美しいが、どう考えてみても、敗戦後日本人のモラルが急速に低下したのは事実であり、そこから派生する戦後の日本の社会現象が、手に負えないものとなっていることも事実である。今日見るような狂った世相、たとえば年々おびただしく数を増加させている青少年の犯罪と、その質の悪化、法秩序を無視した集団的暴力的な治安の攪乱《かくらん》、旺盛《おうせい》な賭博心理、野獣性むき出しの享楽主義、責任のない自己主張、自由と放縦のはき違いから生ずる人生観の歪み等々、このような源が、占領政策の教育効果の影響からきていることを、われわれは否《いな》むわけにはゆかない。これを評して、長谷川如是閑《にょぜかん》氏は「日本民族の劣性への転落」であると、つぎのように述べている。

「元来、生命体における伝承された優性なるものと劣性なるものとは、当の生命体が病的変態に陥らないかぎり、それ自体の歴史の創造過程において、ほとんど意識されずに、実践的に選《よ》り分けられて、生命体の向上発展を可能にするのであるが、その主体である生命体が、無意識の選択能力を失ったと思われる場合には、おのれにある優性と劣性は、自覚的に識別されなければならない。それには、まず客観的に、その伝承の歴史的事実が認識されるべきである」（長谷川如是閑著『失はれた日本』六ページ）

ここにいう生命体とは、日本国家のことを指しているのである。長谷川氏のいうとおり、たしかに日本は敗戦という未曾有《みぞう》の衝撃にあって、生命体が病的変態に陥り、無意識に選択能力を失ってしまったのである。こうしたときにこそ、その伝承の歴史的事実の認識から出発しなければならないのに、それがかえって逆に、東京裁判によって歴史的事実は歪められ、自覚的・意識的に、日本民族の優性を抑え、劣性を煽りたてたのである。この日本民族の転落の状況を長谷川氏はつぎのごとく表現している。

「近代化の馬力と速度において東洋一といわれただけに、その同じ力による、世紀の転落の歴史も、高速度で日本を押し流してしまった」。なぜそうなったかというと「伝承にある優性なものが、人為的に抑圧され、劣性なるものが無軌道に跳梁《ちょうりょう》して、健全な優性の頭脳を病的な劣性の頭脳におきかえ、社会的、国家的な意識をその奴隷とした」ためである。

日本という生命体の健全な頭脳を病的な頭脳に置き換え、社会的・国家的な意識をその奴隷とした〝人為的〟なものとは、いったい何を指すのであろうか。これこそ二年八カ月にわたたって〝執念深い報復の追跡〟を行なった東京裁判を中心とするアメリカの占領政策である。

慧眼《けいがん》なるパール博士は、勧告文の中で、当時すでにこのことを指摘しているのである。すなわち、敗戦によって心のよりどころを失い、物質的にも困窮した時代に、国民を苦しめている一切の弊害はここにあるのだといって、虚偽の原因を示し、これを宣伝し鼓吹《こすい》することによって、人心をあやまらせることはきわめて容易である、人心を支配しようと欲する者にとっては、いまこそ絶好の機会である、しかもこの弊害を取り除く以外に解決の途《みち》はない、それはこうせよといって、煽動し鼓吹するには、現在ほど適当な時期はない、こんな時期につけ込んで、法律に名を借り、軍事裁判というういかめしい外貌をまとって、日本民族の弱体化をねらうようなやり方は許しがたい、というのである。そして、司法裁判所たるものが、このような妄想（日本人の罪悪感や劣等感）を、植え付ける仕事に手を貸すべきではない、と主張し、この裁判が与える日本国民への思想的影響を憂慮したのである。この博士の憂慮はいみじくも的中したというべきであろう。

インドの軍事裁判

ここで私は、東京裁判とは全く対照的なインドの軍事裁判について触れてみたいと思う。一九四五年、つまり終戦の年の十一月、インドの首都ニューデリーにおいて、大がかりな軍事裁判が開かれた。被告はセイガー、シャヌワーズ、クローバク・シンの三人の大佐である。裁判官は英印軍最高司令官マウントバッテン将軍の指揮下にある英人法務官、弁護人団の団長は、国民会議派の最長老パラバイ・デザイ博士、舞台はオールド・デリーの軍法会議。証人として日本から召喚されたのは、沢田廉三《れんぞう》大使はじめ、松本俊一、太田三郎氏ら外務省関係者に加えて、ビルマ方面軍参謀長・片倉衷《ただし》少将、インド国民軍の創設者・藤原岩市《ふじわらいわいち》中佐、その他ビルマから直接召喚された磯田中将、香川中佐、高木中佐、蜂谷大使など十名、罪名は「反逆罪」であった。

太平洋戦争が勃発《ぼっぱつ》した一九四一年十二月八日未明、山下奉文《ともゆき》中将の率いる第二十五軍は、シンゴラ、コタバルに敵前上陸して、快進撃をもってマレー半島を南下した。進撃があまりにも急であったため、いたるところでインド兵が捕虜として捕らえられた。当時F機関と称する、藤原中佐を長とする民間人を交えたひと握りの工作機関が、このインド兵捕虜を編成して、「インド独立国民軍」を創設した。初代の指揮官としてモハンシン大尉がこれにあたった。難攻不落を誇ったシンガポール攻略戦には、インド国民軍は非常なる勲功をたてた。シンガポールのインド兵を加えて、国民軍は総勢四万五千に膨張した。ラス・ビハリ・ボースを主席とするインド独立連盟がバンコクに旗揚げするや、国民軍はこの中に移管されたが、やがてインドの革命児チャンドラ・ボース[注1]が出現するに及び、国民軍はあげて彼の指揮下に入るとともに、ビハリ・ボースの独立連盟も彼の手にゆだねられ、一九四三年七月四日、自由インド仮政府が誕生した。

チャンドラ・ボースという偉大なる指導者を得て、インド国民軍は奮いたった。精鋭一万五千を選《え》りすぐり、これを三連隊に分けて徹底的な訓練をほどこした。被告の三人の大佐は、それぞれの連隊長である。一九四四年四月、ビルマのポパ山の戦闘において、インド国民軍は初めて英軍と交戦し、これに大打撃を与え、緒戦において凱歌《がいか》をあげた。

やがてインパール作戦となるのであるが、ボースの率いるインド国民軍は、お粗末な装

備ではあったが、三連隊雁行《がんこう》して、祖国へ向かった。合言葉は、
「ジャーヒン！」（インド万歳）
「チャロー・デリー！」（征《ゆ》け、デリーへ）
であった。国民軍はこれを口々に唱えて、意気まことに軒昂《けんこう》たるものがあった。
雨期にたたられたインパール作戦は、日本軍の惨憺《さんたん》たる敗北に終わり、終戦がやってきた。チャンドラ・ボースは、終戦の詔勅《しょうちょく》が発せられてから三日目、一九四五年八月十八日、台北《タイペイ》の飛行場で、搭乗機の事故のため死亡。三連隊長はじめ生き残った国民軍将兵は、ビルマで英軍に捕らえられ、ことごとくニューデリーに護送された。罪名は利敵・反乱という、もっとも重い犯罪者として。
筆者は、ニューデリーにおけるこの軍事裁判の模様を、証言台に立った藤原中佐からつぶさに聞き、多くの参考資料を見せてもらった。その詳細は、拙著『アジア風雲録』（昭和三十一年初版、東京ライフ社）に記載してある。
この裁判は逆に、インドの独立を決定的なものにしてしまった。国民軍は、全インドの民衆から、独立の英雄として迎えられた。彼らは、崇拝するチャンドラ・ボースの許《もと》で、

祖国解放のために闘ったことを、このうえない誇りとした。ジャーヒン（インド万歳）、チャロー・デリー（征け、デリーへ）ということばは、全インドの合言葉となってしまった。ネールをはじめ会議派の指導者も、この裁判を徹底的に闘いとる決意を固め、民衆をその方向に導いた。この裁判において裁かれたものは、英国の二百余年間にわたる侵略の歴史であり、数々の暴虐と圧政と搾取と掠奪《りゃくだつ》の事実であり、英軍の不条理であり、非人道性であった。世論はあげて、これを強力に支持したばかりか、インドの民衆は、いっせいに実力行使に起《た》ち上がった。この裁判の最中に行なわれた、ニューデリー凱旋広場での英軍戦勝VD記念日には、デリーの市民は全戸弔旗を掲げ、商店は店を閉め学生は学校を休み、労働者は職場を離れ、この日をインド民族の悲しい記念日として、独立運動に倒れた志士に黙禱《もくとう》を捧げた。英軍の勝利は、インド民族にとって敗北の日であると彼らは受け止めたのである。裁判を勝ちとるためのストライキや、ボイコットや、デモは、次第に全国的な盛り上がりをみせた。新聞やラジオは、被告たちの戦場における英雄的行為を報道し、半面、英軍のインド兵に対する偏見や弾圧や残虐な行為をあばきたてた。焼き打ち事件はいたるところで起き、集会とデモは連日連夜、波状的に行なわれた。そしてついに警察官やインド兵が動揺し始め、流血の惨事はますます拡大した。ホーインレック軍司令官はついにデリーに戒厳令を布《し》いた。騒擾《そうじょう》はデリーだけにとどまらなかった。カルカッタはチャンドラ・ボースのゆかりの地であり、それだけに反英闘争はもっとも激しく、デリーについでカルカッタにも戒厳令が布かれた。カラチもボンベイ（現ムンバイ）も、ほとんど全インドに不穏の情勢がみなぎった。

英国としては、二百余年間の主権者としての威信を保持し、インドの統治を磐石ならしめるためには、反逆者に対してはこれを徹底的に懲《こ》らしめる必要がある。憎むべき日本と手を結んで仮政府をつくり、堂々と英軍に歯向かい、多数の英人を殺戮《さつりく》し、あるいは捕虜としてはずかしめた国民軍の指導者を、今後の見せしめのためにも、厳罰主義をもって処断する必要がある。英印軍の軍法では、上官侮辱、抗命、通謀、利敵、反逆は、文句なしの銃殺刑となっている。

ところが、この全インドに巻き起こったすさまじい民族的抵抗に逢着《ほうちゃく》して、英政府も総督も軍司令官も狼狽《ろうばい》した。あわてふためいた彼らは、ついに軍事裁判の最高責任者をして、反乱罪は取り下げる、たんなる殺人暴行罪として起訴すると声明せしめたが、インド民衆の怒りは、それでもなお、収まらなかった。軍事裁判の判決は、三人の被告に対し、殺人暴行罪として十五年の禁固刑のいい渡しを行なったが、それは英国の面子《メンツ》上の形式で、軍司令官命により、同日付をもって、〝執行停止、即日釈放〟の宣告を下したのである。まことに政策的ともいうべき珍妙な裁判に終わった。さすがの大英帝国の威信も、厳格を誇った軍法も、燃えあがるナショナリズムの烽火《ほうか》の前には、あえなく屈したのである。

もちろん筆者は、この軍法会議と東京裁判を同日に語ろうとは思わない。だが、それにしても、あまりにも情けないのは、日本国民の事大主義である。

鬼畜米英などといって夜郎自大的《やろうじだいてき》になっていた態度もさることながら、ひとたび占領軍が進駐してくるや、占領軍に平身低頭したばかりか、唯々諾々《いいだくだく》として占領政策に忠誠を誓い、日本の弱体化政策、愚民化政策、骨抜き政策に奉仕し、みずからの手をもって、これを短時日《たんじじつ》の間に成就した、その情けない態度、そのさもしい根性を、筆者は指摘したいのである。

国民は騙《だま》されたといい、指導者は責任のなすり合いをやり、いわゆる文化人は勝者にこびへつらって、牛を馬に乗り換える。これが当時の風潮であった。日本の官僚、政治家をはじめ、学者やジャーナリストの多くは、戦時中は軍部に、敗戦後はアメリカに、占領が終わると親ソ反米に傾く、それはちょうど、波が来ると、右へ左へ大きく揺れる木の葉舟のようである。あるいは、自分の色をもたない、変色自在なカメレオンのそれである。この風潮は今日なお尾を引いて、日本の社会心理をきわめて不安定なものにしている。

広島・長崎に投下された原子爆弾の悲惨きわまりない禍害も、日ソ中立条約を一方的に破棄して満洲になだれ込んだソ連軍の侵入も、ともに日本の侵略戦争を終熄《しゅうそく》させるための正当なる手段で、悪いのは日本の軍閥である。八月十五日の終戦は〝日本の黎明《れいめい》〟であった――このような意見が、日本人自身の口から、臆面《おくめん》もなく堂々と放送されたのである。同じ敗戦国であるドイツやイタリアでは、とうてい信じられないことであった。

パール博士は、東京裁判を通して、戦勝者の思いあがった傲慢《ごうまん》な態度に痛棒をくらわせると同時に、日本国民よ卑屈になるな、劣等感を捨てよ、世界の指導国民たる自負をもって、平和と正義のために闘ってほしいと訴えている。われわれは博士の法理論に学ぶとともに、この博士の権力に対する〝不服従〟の精神を通して、二百年間英帝国の統治下にあって、なおかつインドの宗教と文化の伝承を敢然として守り抜き、少しもこれを損なわなかったのみか、これによって独立を勝ちとったインド民族の、その強靭《きょうじん》なる土性骨《どしょうぼね》に学ぶべきではなかろうか。

注1　スバス・チャンドラ・ボース（一八九七〜一九四五）　四十一歳の若さで、インド最大の政治組織「国民会議派」の議長となる。日本軍とともにインパール戦を戦った。インド国民の英雄として、インド国会議事堂のメモリアル・ホールに右にマハトマ・ガンジー、左にジャワハルラル・ネール、そして、中央上部に彼の肖像画が掲げられている。なお、インド国民はボースは今も生きていると信じ、インド政府も公式には死を認めていない。現在、遺骨は杉並区蓮光寺に眠る。

注2　長谷川如是閑（一八七五〜一九六九年）　明治から昭和にかけて活躍したジャーナリスト、思想家、文学者。「大阪朝日新聞」の記者として天声人語や評論、小説に健筆をふるうも、政府の言論統制に抗議しての筆禍事件で退社。大正デモクラシーを代表する論客であり、戦後の十年間ほどは日本最高の知識人として民主主義の徹底化、国際平和確立の重要性などを唱えた。

パール小伝

ラダ・ビノード・パールは、一八八六年一月二十七日インド・ベンガル州の小村にビビン・ベハリ・パールの長男として生まれた。彼は三歳にして父を失ったために、家は非常に貧しく、村の学校においてすら給費児童として勉強しなければならなかった。爾来《じらい》、彼は大学を終えるまで、その修学の全過程を通じて、経済的な苦難の途を歩んだ。あるときは同情者の慈悲にすがって勉学し、あるときは苦学して、辛うじて苦難を乗り切ってきた。

一九〇五年、彼が十九歳のとき、アジアの小国日本が、ロシア帝国と戦って勝利を博したという報道が全インドに伝わった。彼はこのときの感動をつぎのように回顧している。

「同じ有色人種である日本が、北方の強大なる白人帝国主義ロシアと戦ってついに勝利を得たという報道は、われわれの心をゆさぶった。私たちは、白人の目の前をわざと胸を張って歩いた。先生や同僚とともに、毎日のように旗行列や提灯行列に参加したことを記憶している。私は日本に対する憧憬《しょうけい》と、祖国に対する自信を同時に獲得し、わななくような思いに胸がいっぱいであった。私はインドの独立について思いをいたすようになった」

彼は中学校でもズバ抜けた成績であった。苦学を重ね、カルカッタ大学の入学試験に合格し、第一部に入った。入学と同時に奨学金を得て、卒業まで首席を通し、カルカッタ大学を終えると、さらに州政府の大学に入った。そこでも月二十ルピーの奨学金を得た。しかしこの額では、州立大学の授業料を支払えばほとんど残るところはなかった。彼は全く行き詰まった。そのとき、一人の紳士が救いの手をのべた。スリ・プルナ・チャンドラ・パール氏が彼を見込んで援助を申し出たのである。しかしチャンドラ・パール氏は当時公共事業庁の一技官補で、さして裕福ではなく、そのうえ家族が多かったので援助金などはほとんど出せなかった。ただパール青年がこの家に住み、食事をさせてもらって大学へ通うことが約束されたにすぎなかった。このチャンドラ・パール氏がのちの彼の義父である。

彼はその翌年、チャンドラ・パール氏の十一歳になる娘と結婚した。彼は十九歳であった。日露戦争における日本勝利の報道がこのとき彼の心をとらえて放さなかったのである。

一九〇七年に彼は理学士の試験に合格し、数学賞を受けた。その翌年、数学の理学修士の学位を受けた。彼の最初の専門は数学だったのである。彼の倦《う》むことを知らない向学心は、数学で満足しなかった。彼はさらに法科に進んだ。一九〇九年、法科の課程を終え、ついで翌一〇年にはインド連合州会計院に就職し、初めて月収七十ルピーの書記生となった。これが彼の最初の就職である。

会計院に勤めるかたわら法律を勉強し、同年末に予備法律試験に合格した。その翌年、法学士の最終法律試験を受けたが、その結果が発表になる前に、月収百二十五ルピーでベンガル州のアンナダモハン大学から数学教授として招聘《しょうへい》された。彼は迷った末これを承諾した。もちろん法学士の最終試験は合格していた。しかし彼はアンナダモハン大学で教鞭《きょうべん》をとり、しかも快適な教員生活を続けることができた。というのは、彼はたちまち学生の人気を呼び、どの学生からも慕われると同時に、大学側の信頼も厚かった。

しかし彼の母は、彼を法律家にすることが終生の念願であった。彼に法律の勉強を勧めたのも彼女であった。彼女はインドのナイチンゲールといわれるほど慈悲深い、そして聡《そう》明《めい》な、しかも激しい愛国の情熱を胸に秘めた意志の強い女性であった。インド民衆の不幸を救うためには、インドを英帝国の手から奪い返すためには、息子を立派な法律家にすることだという強い信念をもっていた。この点、ネール首相やガンジー翁の母の願いも同じであった。インドにおいて、白人と平等の立場においてものがいえるのは法律家のみである。ことに、当時カルカッタ高等法院には、グノルダース・バンドバッチャ卿という愛国的な、衆望を集めた名判事がいた。彼の母のパール青年に対する期待と熱望は、バンドバッチャ判事であった。そこで彼女は、卿のごときつねに虐げられたる者の味方、インド民族の救世主たれと、パール青年を鼓舞した。

「お母さん、僕はあのような立派な裁判長になれるでしょうか」

「なれますとも。それ、お前の背丈は人なみすぐれて高いでしょう。そのようにお前の精神も高いのですよ。お前のことはこのお母さんがいちばんよく知ってるんですから……」

これがいつもかわされる母と子の会話であった。

彼女の念願がかなって、パール青年は法学士の試験にパスした。そこで彼女は彼を高等法院に入れようとした。しかしそうするためには、経済的な問題を解決しなければならなかった。彼女はこういった。

「わたしは家族を連れて田舎へ戻りましょう。月四十ルピーもあれば暮らせるでしょうから……。そうすればお前は収入の残りを全部使って、必要な法律書を買うなりして存分に勉強できるでしょう」

この母の申し出は、彼が大学から月収二百五十ルピーを得るようになった一九一五年についに実現した。彼は教鞭をとるかたわら自分の法律書庫をつくり、法学修士の学位を得るために勉強し始めた。不幸にして彼の母は、一九一七年十二月この世を去った。

困難はふたたび加わった。しかし彼の妻は姑がやったと同じように家事万端を引き受け、多くの家族の面倒をみながら経費を切りつめて夫の研究を助けた。彼は一九二〇年に法学修士の試験を一番でパスした。そして四年後には法学博士の学位を得た。同じ年に、彼は母校のカルカッタ大学タゴール教授職という名誉ある地位に任命された。彼の講義は「古代および近代におけるインドの長子相続法」であった。タゴール教授職というのは、インドにおける最高の名誉と権威ある職責で、全インドの各大学からとくに推薦を受けた者の中から、年々少数が選ばれる仕組みになっている。わずか三十八歳の年少でこの栄誉に浴したというのは稀有《けう》のことに属する。彼は一九二五年と三〇年と三八年の三回にわたってこの栄職に指名されたのである。これはカルカッタ大学創立以来のことといわれる。

一九二三年の九月、彼はカルカッタ大学の法学部教授に任命され、三六年までこの職にあった。その間、二七年には所得税庁の法律顧問となり、三六年には英国枢密院の有名なユール事件の弁護士としてインド政府から派遣された。さらに翌三七年にはハーグで開かれた国際法学会の総会に招聘され、その会議の議長団の一人に選ばれた。インド人としては最初の議長であり、彼の国際法学界における名声は高まった。

一九四一年一月、カルカッタ高等法院の判事に就任した。ここに初めて彼の亡き母の終生の念願がかなえられたのである。

一九四四年には選ばれてカルカッタ大学総長に就任。早々から名総長の名をうたわれたが、四六年三月には総長を辞任した。なぜなら、ネール首相が彼を、日本のA級戦犯を裁くための極東国際軍事裁判のインド代表判事に任命したからである。パール博士の判事就任は、親友であるネール首相の懇請と期待に応えたものである。

東京裁判において、一人敢然と全員の無罪を判決し、世界の注目を浴びた。彼の堂々たる正論と該博なる知識は、国際法学界にその名声を高めた。その後、彼は郷里のカルカッタにおいて弁護士を開業した。一九五二年には下中《しもなか》弥《や》三郎《さぶろう》の招聘によりふたたび日本を訪れ、世界連邦アジア会議に出席し、各大学、法曹界で講演するとともに、戦犯ならびに戦犯の遺家族をねぎらった。さらに五三年には三たび来日して大倉山の精神文化研究所で「古代インドの法哲学」の講義を行なった。

一九六〇年、インドの最高栄誉であるＰＡＤＨＭＡ・ＲＲＩ勲章を授与された。その後ジュネーブにある国連司法委員会の議長の要職につき、世界連邦カルカッタ協会会長に就任し、同時に国際法学会の中心メンバーとして活躍を続け、一九六七年一月十日、カルカッタの自邸において多彩な生涯を終えられた。

博士の四度目の来日

パール博士は清瀬《きよせ》一郎《いちろう》、岸信介《きしのぶすけ》両氏の招きに応じて一九六六年（昭和四十一年）十月一日、四たび来日され、日本国民に非常な感動を呼んだ。博士はすでに齢《よわい》八十歳の高齢で、そのうえ前年に胆石の手術を受けられたばかりである。羽田空港に降り立った博士は、よろめくように筆者の肩を抱きしめ、しばらく離そうともされなかった。握りしめたその手は、痛々しいほど痩《や》せ細っていた。

博士は筆者のことを「マサアキちゃん」と呼ぶ。手紙にもMasaaki-Chanと書いてくる。日本では名前のあとに〝ちゃん〟をつけるのは、親が子供を呼ぶときの愛称であるということを、一九五二年（昭和二十七年）の来日のときに覚えたのである。博士の覚えたただ一つの日本語であるといってもいいかもしれない。こんどの来日中も、博士は私が一日でも顔を出さないとご機嫌が悪かった。「お前は永久に私の子供だ」ともいわれた。十月三日の尾崎記念会館におけるあの感動的な講演会では、私の肩によりかかって聴衆に合掌したまま、ついに一言も発せずして会場を去った。

その翌日、博士は電話で私を呼び、カバンから二つのコピーを取り出して私に手渡した。「これをお前に渡す。どのように利用してもかまわぬ。わたしはインドを発《た》つとき、日本の国民に訴えるつもりでこれを用意してきた。しかしわたしの健康は、壇上からこれを発表するにはあまりに衰弱しきっている。どうか日本語に訳して、日本の人々に伝えてくれ」

私は博士から遺書でも受け取るような、わななく思いで、これをおしいただいた。その一つには「世界法による世界平和」、他の一つには「平和への条件」という題名がつけられていた。この二つの題名を見た瞬間、博士は日本へ来て何を訴えようとしたのか、中身を見なくとも私にははっきりわかったような気がした。私はこのような博士の信頼に対し、いったい何をもって報いたらいいのか、責任の重さに空おそろしい感じさえ抱いた。博士は十月十二日、日本を去った。その前夜、下中弥三郎翁につながる同人により、椿山荘《ちんざんそう》においていて、さよならパーティーが開かれた。博士は、博士を敬慕する約二百人の人びとを前にして、日本における最後のスピーチを行なった。

このスピーチにおいても、博士はことば鋭く東京裁判の欺瞞性《ぎまんせい》を突き、平和が権力の行使や闘争によって得られるものではなく、正義のみが平和を勝ち得るのだと強調された。いまやあなた方を裁いた国ぐにも、あなた方を注目している。私は日本を愛す、日本の美しい伝統をますます発揚し、その上に揺るぎない〝独立〟を確立してほしい。そのためにはイデオロギーや利害を超え、民族として団結することが必要である、と説かれた。

世上、私の『日本無罪論』という題名が博士の真意をあやまり伝えるものであるかのごとき言説をなす者もいたが、さよならパーティーにおける博士の日本国民に与えた最後の講演を聞き、私は本著に対してますます自信を得た。同時に、この博士の〝真理の声〟を一人でも多くの日本人が味読、心読くだされんことを重ねてお願いしたい。

特別寄稿

日本人が知っておくべき東京裁判

百田尚樹

「東京裁判」という今日的問題

ラダ・ビノード・パール博士の名を知る日本人が今どれほどいるでしょうか。

大東亜戦争（太平洋戦争）終結後、連合国が日本の〝戦争犯罪〟を裁いた極東国際軍事裁判（東京裁判）においてインドから派遣され、全十一人の判事のうち唯一の国際法学者にして日本人被告全員の無罪を主張したその人です。

パール博士は、東京裁判は国際法によらず、事後法によって行なわれた戦勝国による復《ふく》讐劇《しゅうげき》であるとしました。また裁判そのものが国際正義の観点からはほど遠いと断じ、原爆投下など連合国側の非道についても指摘しました。しかしその判決書は裁判では朗読を許されず、全被告を有罪とした多数派の判決のみが、あたかも全判事の一致した結論であるかのように宣告されました。

本書は、東京裁判がいかに欺瞞《ぎまん》に満ちたものかを明らかにし、法の正義を追究しようとしたパール博士の公正さ、洞察と理念をその判決書の内容を通じ簡潔・平易に伝えようと努めた一冊です。

著者の田中正明氏は、未公表のまま関係者だけに配布されたパール判決書を入手し、連合国軍総司令部（ＧＨＱ）の言論統制・検閲下に密かに出版作業を続け、昭和二十七年（一九五二年）四月二十八日、サンフランシスコ平和条約が発効したその日に『真理の裁き・パール日本無罪論』と題して刊行しました。それが本書のもととなる一書になっています。

田中氏は戦前、Ａ級戦犯として処刑された松井石根《まついいわね》大将の秘書をつとめ、戦後は『真理の裁き・パール日本無罪論』の刊行を機にパール博士と親交を結び、博士が没するまでその関係は続きました。

東京裁判は米国による占領政策の一環でした。米国の対日占領政策の基本に据えられていたことは何であったか。「降伏後における米国の初期対日占領方針」という文書がありますが、その第一部「究極の目的（Ultimate Objectives）」として、次のような文章があります。

「日本国が再び米国の脅威となり、または世界の平和および安全の脅威とならざることを確実にすること」

まさにこれこそが米国の「究極の目的」だったのです。

「米国＝世界」という彼らの認識がここに現れているが、将来とも米国の脅威にならないように、二度と刃向かえないように日本国と国民を「改造」しなければならないという占領政策の淵源《えんげん》がここにあります。そして、その柱の一つが東京裁判だったのです。

この構造を指摘した江藤《えとう》淳《じゅん》氏は「これが米国の対日大原則であって、これは民主党政権であろうと共和党政権であろうと変わりはない」と語りました。東京裁判によって刷り込まれた「自虐史観」から未だに私たちが解き放たれていないことを思えば、東京裁判を検証することは対米関係を含めきわめて今日的な問題なのです。

歴史を検証する権利の放棄

戦後七十年（二〇一五年）の安倍首相談話に対する新聞各紙の社説を思い起こしてみましょう。

たとえば朝日新聞は、安倍談話は「歴史総括として、極めて不十分」で、「多くの国民と国際社会が共有している当たり前の歴史認識を覆す無理」を通そうとしたものだと書き、毎日新聞は「すでに定着した歴史の解釈に異を唱え、ストーリーを組み替えようとする歴史修正主義からきっぱりと決別」すべきだと書きました。

安倍首相談話に関する政府の有識者会議「二十一世紀構想懇談会」で座長代理を務めた北岡伸一国際大学長も、「日本は侵略戦争をした」「安倍首相に『日本が侵略した』といってほしい」等々の発言を重ねましたが、これも朝日や毎日と同様の歴史観が根底にあるからでしょう。

一体、「多くの国民と国際社会が共有している当たり前の歴史認識」、「すでに定着した歴史の解釈」とは何なのでしょうか。これは要するに東京裁判史観で、朝日や毎日、北岡氏らの主張は、日本は歴史の解釈権を放棄し「敗戦国」として東京裁判史観に従って今後も歩み続けよ、というに等しいものです。彼らはこれまでも日本は東京裁判を受け入れて国際社会に復帰したのだからそれが当然だと言い続けてきました。そこには、そもそも東京裁判とは何であったのかを問い直す姿勢はありません。

たしかに日本は、東京裁判の「諸判決」を受け入れましたが、裁判を主宰した連合国（戦勝国）の主張を「当たり前の歴史認識」として受け入れる義務はありません。パール博士はこう述べています。

「この裁判所は、法律執行機関としての裁判所ではなくして、権力の表示としての政治機関」であり、「この裁判は、法律的外貌《がいぼう》はまとってはいるが、実は、ある政治目的を達成するために設置されたもので、それは占領政策の宣伝効果をねらった〝興行〟以外の何ものでもなかった」と。

存在しなかった罪で裁かれた「A級」戦犯

東京裁判の検察官は、日本の指導者たちが昭和三年（一九二八年）一月一日から昭和二十年（一九四五年）九月二日までの間、一貫して領土的野心を抱いてアジアを侵略し、支配下に置くため共同で謀議し、それに基づいて満洲事変、支那事変（日中戦争）、大東亜戦争を引き起こしたと主張しました。そして、

●侵略戦争を計画・実行した「平和に対する罪」（共同謀議）

●捕虜殺害・虐待などの「通常の戦争犯罪」

●一般住民への非人道的行為など「人道に対する罪」

この三つの罪状に基づいて東条英機《とうじょうひでき》や広田弘毅《ひろたこうき》ら二十八人を起訴しました。このうち「平和に対する罪」が「A級」とされ、順に「B級」「C級」と呼称された（日本の条例文ではイ、ロ、ハと表記）。これは実質上、ナチス・ドイツを裁いたニュルンベルク裁判における国際軍事裁判所条例を引き写したもので、パール博士は「ナチのごとく長きにわたって独裁政権が維持され、ヒトラーをめぐる少数犯罪者によって戦争が遂行されたのと、満洲事変以来、何回となく内閣が更迭した日本の政情とを混同してはならぬ」とし、「無数の寄せ集められた諸事実をつなぎ合わせて、共同謀議というならば、世界のあらゆる主要国家の政治家を、彼自身意図しなかった〝侵略戦争〟を準備し、かつ挑発したものとして断

罪することができる」と、検察側の共同謀議論を全面的に否定しました。

実際、昭和三年から東条内閣の成立まで十四の異なった内閣が成立し、瓦解《がかい》しています。しかもその瓦解の原因は、閣内の不一致や、テロ、疑獄事件、議会の反対、軍部の反対などによるもので、政策に一貫性はなく、これらの内閣や軍部内において支配的地位を継続的に占めていた者は一人もいません。共同謀議などしようもありませんでした。

東京裁判の杜撰《ずさん》さは数え上げればきりがありませんが、別《わ》けても「平和に対する罪」を事後法として捻り出し、戦犯の烙印《らくいん》を押したのは近代法理を根本から否定する暴挙で、パール博士は痛烈に批判しました。

「既存の法がないならば、犯罪の処罰はあり得ないということは、それが国際法であると国内法であるとにかかわりなく、すべて法の基本原則である。『法律ノナキトコロ犯罪ナク、法律ノナキトコロ刑罰ナシ』、また『遡及《そきゅう》的ナル』処罰は、すべて文明国の法律に反するものであり、主張されている犯罪行為が行なわれた当時においては、どんな主権国も侵略戦争を指して、犯罪であると決めていなかったし、侵略戦争を定義した成文法はなんら存在せず、かような戦争を遂行したことに対する処罰は規定されておらず、また違反者を裁判に付し、かつ処罰するための裁判所も設立されていなかった」

ポツダム宣言受諾時に存在しなかった罪状（平和に対する罪）で、日本のA級戦犯は、逮捕され、拘禁され、訴追され、処罰されました。訴訟指揮も恣意《しい》的で、戦勝国に不都合な被告側の証言は通訳を停止し、記録に残されませんでした。東京裁判はGHQの情報統制と検閲によって何とか法律的外貌をまといながら〝興行〟を続け、復讐裁判の帰結として全被告を有罪とし、東条英機以下七名を絞首刑、十六人を終身禁固刑、二人を有期禁固刑に処しました（二名は獄中病没、一名は精神障害で訴追免除）。

日本人だけが気づいていない

東京裁判の閉廷後、まだパール博士が日本に滞在中、東京弁護士会が博士を招聘《しょうへい》し講演を求めたことがあります。そのとき主催者が紹介の挨拶中、日本人被告に同情ある意見を出され感謝にたえないと述べると、博士は甚だ不機嫌だったといいます。

「私は日本に同情するがため、かの意見を呈したのではない。私の職務は真実の発見である。真実を探求した結果、かような結論になった。それ以上のものでも、それ以下のものでもない。同情に感謝するというのはまったくの見当違いである」と。さらに「侵略戦争を準備し、またはこれを遂行するということは、大東亜戦争当時、犯罪であったのか」「犯罪であったとして、その当時の指導者個人を処罰し得たのであったか」この二点が中心的大問題であったと述べ、その考究の結果が「被告全員無罪」だったと。

しかし、このパール博士の判決書の内容を多くの日本人は知らないまま長く過ごしてきたのが現実です。当時、日本の新聞にはほんの数行をもって、「インド代表判事のみが、少数意見として全被告に無罪の判決を下し、異色あるところをみせた」程度の記事しかのらなかった、と田中氏は本書で嘆いています。

「戦前、新聞は大本営発表をそのまま流し、毎日、戦意高揚記事を書きまくった。戦後、日本をアメリカのGHQが支配すると、今度はGHQの命じるままに、民主主義万歳の記事を書きまくり、戦前の日本がいかに愚かな国であったかを書きまくった。まるで国民全部が無知蒙昧《むちもうまい》だったという書き方だった。自分こそが正義と信じ、民衆を見下す態度は吐き気がする」

これは拙著『永遠の0《ゼロ》』で宮部久蔵《みやべきゅうぞう》の教え子だった元海軍中尉武田貴則《たけだたかのり》に語らせた台詞《せりふ》ですが、私たちはこの吐き気がする言語・情報空間（カエルの楽園）に今もいることを覚《さと》らねばなりません。

戦勝国は東京裁判が無理無体を重ねて行なったものであることを承知しています。だから今もって事あるごとに日本に東京裁判の効力を認めさせようと様々な政治的作業を行なっています。「歴史修正主義」というレッテル貼りもその一つで、いわゆる従軍慰安婦問題や南京事件に関しても、事実関係の再検証を求める声を彼らは封じ込めようとしています。「文明の裁き」ではなく「勝者の復讐劇」だった内実が暴露しないように、彼らは情報戦、宣伝戦を続けています。実際に銃砲弾が飛び交わなくとも、そうした戦《いくさ》が続いていることに気づいていないのは世界で日本人だけです。

『永遠の0』と「パール判決書」

私事になりますが、「なぜ『永遠の0』や『海賊とよばれた男』を書いたのですか」とよく聞かれます。

実は、亡くなった私の父と三人の伯父は大東亜戦争に出征しています。昭和三十一年生まれの私に戦争体験はありませんが、ビルに撃ち込まれた米軍機の銃弾の痕跡や、爆弾が開けた淀川の河川敷の大穴など戦争の残滓《ざんし》は少年時代、街中にいくらでも残っていました。また、いろいろな戦争体験談を父や伯父たちから聞かされ、それらはけっして他人事ではなく、自分の血肉につながる話だと思いました。しかし、父は孫たち（私の子供）には話しませんでした。それで自分が父のこと、祖父たちのことを、祖国のために懸命に戦い、結果的に敗れたりとはいえ、戦後は焦土から奇跡の復興を果たした偉大な世代の物語を、彼らが消え去ってしまう前に、感謝と鎮魂を込めて書きとめておかねばならないと思ったのです。

本書の著者である田中氏は、尊敬する松井大将の名誉回復と、罪悪感に打ちひしがれる日本人に再起を促したいとの強い思いから、パール判決書を世に出すことに尽しました。ここに本書の意味があります。過去の事象を検証するにとどまらず、明日に向かって日本人が為すべきこと、挑むべきことがパール博士の言葉によって示されています。

私も同じような思いを抱いています。『永遠の０』の宮部久蔵はラバウルの戦いのさなか、部下の井崎にこう呟《つぶや》きます。

「俺も、いつか自分の孫に、この戦争のことを語る日が来るのかな。縁側に日向ぼっこしながら、おじいちゃんは昔、戦闘機に乗って、アメリカと戦っていたんだぞって――」

この戦いの意味が、孫にどう伝わるか――。

私は「物語」に託しましたが、本書はパール博士の追究した「法の真理」によって、戦前の日本人の歩みを見つめ直し、同時に戦後の日本人の迷妄をひらかんとしています。

「法の真理」の前には「右」も「左」もないはずです。虚心にページを繰ってほしいと思います。

田中正明［たなか・まさあき］

1911（明治44）年、長野県出身。旧制飯田中学卒、興亜学塾に学ぶ。大亜細亜協会、興亜同盟にてアジア解放運動に従事。戦後、「南信時事新聞」編集長を経て、世界連邦建設同盟事務局長、国際平和協会専務理事などを歴任。著書に『「南京事件」の総括』（小学館文庫）、『アジア独立への道』（展転社）、編著書に『パール博士「平和の宣言」』（小学館）などがある。

編集：小川昭芳
編集協力：小林潤子

新版 パール判事の日本無罪論

二〇一七年 七月十七日 初版第一刷発行

著者 田中正明
発行人 菅原朝也
発行所 株式会社小学館
〒一〇一-八〇〇一 東京都千代田区一ツ橋二ノ三ノ一
電話 編集：〇三-三二三〇-五一一七
販売：〇三-五二八一-三五五五
印刷・製本 中央精版印刷株式会社

© Kumiko Tanaka 2017

Printed in Japan ISBN978-4-09-825305-0

造本には十分注意しておりますが、印刷、製本など製造上の不備がございましたら「制作局コールセンター」（フリーダイヤル 〇一二〇-三三六-三四〇）にご連絡ください（電話受付は土・日・祝休日を除く九：三〇～一七：三〇）。本書の無断での複写（コピー）、上演、放送等の二次利用、翻案等は、著作権法上の例外を除き禁じられています。本書の電子データ化などの無断複製は著作権法上の例外を除き禁じられています。代行業者等の第三者による本書の電子的複製も認められておりません。

日本の「戦後」を考える
小学館新書
好評既刊ラインナップ

私たちの国に起きたこと
海老名香葉子 249

あの悲しみ、苦しみを二度と繰り返さないために。林家一門のおかみさんとして生きてきた著者が、自身の過酷な体験を通して伝える東京大空襲の真実。日本人の苦悩と再生を綴る感動のノンフィクション。

ニッポンの懸案　韓・中との衝突にどう対処するか
櫻井よしこ 201

慰安婦、靖国、竹島、尖閣……。領土問題や歴史認識をめぐる中韓との軋轢、ミサイル発射を繰り返す北朝鮮の脅威。日本はいかにして国益を守るべきか。ダライラマ法王や呉善花氏など７人の論客と櫻井よしこが徹底議論。

世界史としての日本史
半藤一利　出口治明 280

近年メディアを席巻する自画自賛的日本論。だが、世界史の中に日本史を位置づけてみれば、本当の日本の姿が見えてくる。日本史と世界史の大家が、既存の歴史観を覆し、日本人が今なすべきことを語り尽くす。

草食系のための対米自立論
古谷経衡 268

アメリカはあてにできるのか？　北朝鮮のテロ支援国家指定解除や、東日本大震災での「トモダチ作戦」から見えてくる嘘と裏切り。政治的「草食系」の日本人が抱く「同盟国アメリカ」に対する幻想を、気鋭の論客が打ち砕く。

国を愛する心
三浦綾子 267

『氷点』『塩狩峠』『銃口』の作家が語った戦争、平和、原発、人権、教育——。戦争中に教師という立場にあった自らの罪を認めながら、次代を生きる人々のために、様々な問題に言及した珠玉のエッセイを厳選。心に響く提言の書。